ΕΓΧΕΙΡΙΔΙΟΝ

ΑΝΔΡΙΩΤΙΚΗΣ ΚΟΥΖΙΝΑΣ

ΣΕΛΙΔΟΠΟΙΗΣΗ ΚΕΛΛΥ ΚΑΛΟΓΗΡΟΥ
ΑΝΑΠΑΡΑΓΩΓΗ ΕΙΚΟΝΩΝ ΤΟΞΟ Ο.Ε.
ΕΚΤΥΠΩΣΗ ΕΠΙΚΟΙΝΩΝΙΑ Ε.Π.Ε.
ΒΙΒΛΙΟΔΕΣΙΑ ΓΙΩΡΓΟΣ ΗΛΙΟΠΟΥΛΟΣ

ISBN **978 960 204 299 1**

Σκουφά 58, 10680 Αθήνα, Τ. 210/3611692, F. 210/3600865
www.melissabooks.com

ΒΙΒΗ ΠΑΛΑΙΟΚΡΑΣΣΑ

ΕΓΧΕΙΡΙΔΙΟΝ
ΑΝΔΡΙΩΤΙΚΗΣ ΚΟΥΖΙΝΑΣ

ΑΠΟ ΤΗΝ ΠΑΡΑΔΟΣΗ ΣΤΟ ΣΗΜΕΡΑ

Φωτογραφίες
ΑΛΚΗΣ ΚΑΛΟΥΔΗΣ

Επιμέλεια
ΚΑΤΕΡΙΝΑ ΛΟΓΟΘΕΤΗ

ΕΚΔΟΤΙΚΟΣ ΟΙΚΟΣ ΜΕΛΙΣΣΑ

Περιεχόμενα

ΓΛΥΚΑ

ΠΟΤΑ

ΠΑΡΑΡΤΗΜΑ

Εισαγωγή

Εν αρχή ην η θάλασσα, ο πορθμός του Καφηρέα, ο Κάβο Ντόρο των Ενετών, ο νεότερος Ξυλοφάς, και μετά τα βουνά της Άνδρου. Στο άκουσμα «Άνδρος» δροσίζεται η ψυχή μου. Η αγάπη που νιώθω για τον τόπο της καταγωγής μου δεν κρύβεται. Το τοπίο της πάντα μπροστά μου, όπου κι αν βρίσκομαι· η σύγκριση με άλλους τόπους αναπόφευκτα υπέρ της. Και οι ναυτικοί της, όμως, στη βάρδια τους πάνω στ' ανδριώτικα βαπόρια τής σιγοτραγουδούν: «Με του βοριά τα κύματα σου στέλνω χαιρετίσματα». Νοσταλγούν τον τόπο τους και στα γράμματά τους υπάρχει το πάθος του ανδριώτικου γλεντιού, ο καημός της μοναξιάς μακριά απ' το νησί, απλά πράγματα που τους λείπουν, πέτρες, πλαγιές, πεζούλες, η βάρκα που τους περιμένει, τα φαγητά που πεθύμησαν.

Σαν βρέθηκα λοιπόν κι εγώ πολύ καιρό μακριά της, τη σκέψη μου τριβέλιζαν όσα είχαν μείνει πίσω, και κάθε τόσο ψέλλιζα: «Αχ και να 'μουνα στα Γιάλια!», «Αχ και να 'χα ένα καρυδάκι ή ένα περγαμόντο!», «Αχ και να πήγαινα στου Φρατζέσκου τα χοιροσφάγια!»

Μέσα απ' αυτή τη νοσταλγία ξεκίνησα να ψάχνω τα τετράδια συνταγών της μητέρας μου, της γιαγιάς μου, των θειάδων μου. Το ένα έφερνε τ' άλλο, κι έτσι ωρίμασε μέσα μου η σκέψη να συγκεντρώσω τις συνταγές. Συγχρόνως, άρχισα να ρωτάω γυναίκες του νησιού, γνωστές για την αξιοσύνη τους στην κουζίνα και την επαφή τους με την ανδριώτικη παράδοση, και να μπαίνω μαζί τους σε συζητήσεις για θέματα της προετοιμασίας, του μαγειρέματος, της συντήρησης και των συνηθειών γύρω απ' το φαγητό. Με αυτό το ψάξιμο, χωρίς να το καταλάβω, ξεδιπλωνόταν μπροστά μου η ζωή στο νησί μέσα απ' το ανδριώτικο τραπέζι. Την έρευνά μου συμπλήρωσα στην Καΐρειο Βιβλιοθήκη, αντλώντας πολλές και σημαντικές πληροφορίες κυρίως από τις τοπικές εφημερίδες των αρχών του 1900 και για μερικές δεκαετίες μετά. Εκεί βρήκα υλικό για τις συνήθειες και τη ζωή των κατοίκων του νησιού, οι οποίοι προσπαθούσαν να εξασφαλίσουν τον «επιούσιον» αλλά και να βελτιώσουν το επίπεδο της ζωής τους.

Οι πληροφορίες που συγκέντρωσα γύρω από τη διατροφή ήταν πολλές, το ίδιο και οι συνταγές. Αποφάσισα να τις κάνω βιβλίο επιλέγοντας αυτές που έφτιαχναν οι Ανδριώτισσες κατά παράδοση ώς την εποχή που ήρθε στο νησί το ψυγείο, στις αρχές της δεκαετίας του 1950. Διάλεξα, δηλαδή, να παρουσιάσω συνταγές της ανδριώτικης κουζίνας που βασίζονται στις παραδοσιακές μεθόδους συντήρησης και δεν προϋποθέτουν ψύξη.

Το ζητούμενο της συντήρησης των τροφίμων είναι βέβαια πολύ παλιά υπόθεση. Σήμερα, στις πόλεις κυρίως, ταυτίζουμε τη συντήρηση με την ψύξη και την κατάψυξη ξεχνώντας τους πολλούς άλλους τρόπους με τους οποίους τα τρόφιμα προφυ-

λάσσονται από την αλλοίωση. Οι κυριότεροι: μαγείρεμα, στέγνωμα, κάπνισμα, πάστωμα, παράχωμα σε λίπος, κάλυψη με λάδι, κάντιωμα ή ζαχάρωμα.*

Στην Άνδρο, λοιπόν, ο πάγος έρχεται το 1931, με περιορισμένη όμως διανομή, στην περιοχή της Χώρας κυρίως. Δύο δεκαετίες αργότερα, το θέμα της ψύξης λύνεται ριζικά με την έλευση του ψυγείου στο νησί, δειλά στην αρχή. Παράλληλα, οι παραδοσιακές διαδικασίες συντήρησης κρατούν γερά και βοηθούν, όπως πάντα, να αξιοποιείται και να διαρκεί η ντόπια παραγωγή. Το ξίδι, το κρασί, το λάδι, το λίπος, το αλάτι και η ζάχαρη είναι τα βασικά συντηρητικά. Η τεχνική του παστώματος δεν φαίνεται να χρησιμοποιείται πολύ στην Άνδρο. Αντίθετα, το ζαχάρωμα των καρπών έχει μεγάλη διάδοση. Δεν υπάρχει καρπός που να αντιστέκεται, δεν υπάρχει σπίτι χωρίς ράφι (ή ντουλάπι!) με γλυκά του κουταλιού. Πρώτοι οι Βενετοί και οι Γενουάτες διακίνησαν στη Μεσόγειο το εμπόριο της ζάχαρης, και μάλιστα σε κύβους. Από τότε μέχρι σήμερα, εκατοντάδες γλυκές απολαύσεις του ουρανίσκου έχουν περάσει από το ντόπιο ρεπερτόριο, κάτι που προδίδεται άλλωστε από τον μακρύ κατάλογο γλυκών που έχετε στα χέρια σας.

Το βιβλίο περιλαμβάνει ογδόντα συνταγές για παραδοσιακά φαγητά και γλυκά, με διαφορετική διάρκεια ζωής χωρίς ψύξη: άλλα κρατούν λίγο (1-2 μέρες), όπως οι πατατοκεφτέδες, οι χορτοκεφτέδες, οι φουρτάλιες, το κατσικάκι φρικασέ· άλλα περισσότερο (3-5 μέρες), όπως η ξηλαδιά, το συκώτι κρασάτο, τα ψάρια μαρινάτα, η μουσταλευριά, τα ραβιόλια*, και άλλα πολύ (βδομάδες ώς και χρόνο), όπως ο ντοματοπελτές, τα χοιρινά*, το παστέλι, το κυδωνόπαστο, τα γλυκά του κουταλιού.*

Είναι εντυπωσιακό ότι όλες αυτές οι παλιές συνταγές είναι ζωντανές μέχρι σήμερα: με μικρές παραλλαγές, τις φτιάχνουν οι Ανδριώτισσες εντός και εκτός Άνδρου, κόρες, εγγονές και δισέγγονες των γυναικών του νησιού που, έναν αιώνα πριν, διαχειρίζονταν με νου και γνώση τα του φαγητού και του οίκου τους. Τρεις μόνο συνταγές (μπρούστουλας, φτενούλα* και ραβιόλια*) δεν φτιάχνονται πια.*

Όσο για το πρόσθετο και πολύ ενδιαφέρον υλικό που συγκέντρωσα πέρα από τις συνταγές, το αξιοποίησα συνοδεύοντας καθεμιά με στοιχεία από τον διατροφικό κόσμο του νησιού, τον τωρινό και τον περασμένο, τον κόσμο της Χώρας και των Στενιών, των Μενήτων, της Μεσαριάς αλλά και των υπόλοιπων χωριών της Άνδρου, από το Κόρθι ώς το Συνετί κι απ' την Παλαιόπολη ώς την Άρνη. Τέλος, κάποιες φορές παραχώρησα το λόγο σε μια προσωπική παιδική ανάμνηση με την ελπίδα πως θα συμβάλει στη μύηση του αναγνώστη στη ζωή του νησιού.

Στη σελίδα 174 υπάρχει μια ολοζώντανη και πνευματώδης περιγραφή του χοιρόγαμου από τον Ανδριώτη φαρμακοποιό Αχιλλέα Λογοθέτη, αναδημοσιευμένη από το περιοδικό* Νήσος *Άνδρος (2009). Μου φάνηκε απαραίτητη για το θέμα αυτό η συνεισφορά ενός ανθρώπου που έζησε τις παλιές καλές μέρες της Άνδρου και στάθηκε στην ιεροτελεστία αυτού του άρρηκτα δεμένου με το νησί εθίμου. Οι πληροφορίες και οι παρατηρήσεις του αποτελούν πολύτιμη παρακαταθήκη.*

Στην πραγματοποίηση αυτής της έκδοσης πολλοί άνθρωποι με προθυμία με συμβούλεψαν, με πληροφόρησαν, ανέβηκαν στο βουνό και κατέβηκαν στη θάλασσα για να φέρουν υλικά για τη φωτογράφιση, και συνέδραμαν με πολλούς τρόπους την όλη προσπάθεια. Ευχαριστώ θερμά τον Άλκη Καλούδη, που μέσα από το φακό του μας έδωσε τις λαχταριστές φωτογραφίες του βιβλίου· την Ανδριώτισσα επιμελήτρια Κατερίνα Λογοθέτη, που με την επιμονή της στη λεπτομέρεια συνεχώς διαπραγματευόταν μαζί μου την τελειότητα των κειμένων και συνέβαλε με πολλούς τρόπους στην αρτιότητα της έκδοσης· τον σύζυγό μου, Γιάννη Παλαιοκρασσά, καθώς και τα παιδιά μου, Στρατή και Λεωνίδα, για τη βοήθεια που μου προσέφεραν και την υπομονή με την οποία με περιέβαλαν όσο δημιουργούσα αυτές τις σελίδες. Ευχαριστώ επίσης την Καΐρειο Βιβλιοθήκη, τις ιστορικούς Άννα Ματθαίου και Πόπη Πολέμη, τον Γεώργιο Σφήκα, ερευνητή της ελληνικής χλωρίδας, καθώς και τους Ευάγγελο Κοντογεώργη, Μαρία Κορρέ, Μιχάλη Λ. Κουτσούκο, Ειρήνη Μαντζαβελάκη-Βασιλοπούλου και Μάριο Βασιλόπουλο, Ειρήνη Νταϊροπούλου-Πολέμη, Βασίλη Ξηροπαΐδη, Γεώργιο Δ. Παλαιοκρασσά, Νώντα και Ιωάννα Παλαιοκρασσά, Κυριάκο Πεταλίδη, Νίκο Λ. Σιγάλα, Μάκη Σπυριδωνόπουλο, τα μέλη του Συλλόγου Μαινήτων και την πρόεδρο, Μαρία Φιλιππίδου, καθώς και τους Δημήτριο Τσουμέξη και Θέκλα Φούντου.

Ευχαριστώ ιδιαιτέρως τον Αχιλλέα Λογοθέτη και τον Γιώργο Δαρδανό των Εκδόσεων Τυπωθήτω για την ευγενική παραχώρηση της άδειας αναδημοσίευσης του κειμένου για τα χοιροσφάγια, καθώς και την οικογένεια Κατίνας Βαρδακώστα, τη Φλωρίτα Σιγάλα και τις Εκδόσεις Τυπωθήτω για την αναδημοσίευση του Χάρτη της Άνδρου.

Όλα αυτά, όμως, θα έμεναν μετέωρα χωρίς την αρωγή και την άρτια συνεργασία του Εκδοτικού Οίκου Μέλισσα, συγκεκριμένα της Κέλλυς Καλογήρου για τη σελιδοποίηση και βέβαια της Αθηνάς και της Άννης Ραγιά, που δέχθηκαν να εκδώσουν το βιβλίο και να κάνουν το όνειρό μου πραγματικότητα. Τους ευχαριστώ όλους θερμά.

Υλικά και εργαλεία της ανδριώτικης κουζίνας

Ξεκινώντας το ταξίδι στον κόσμο των γεύσεων της Άνδρου πρέπει πρώτα ν' αναφερθώ στην ποικιλία των υλικών που παράγει ο τόπος και που χρησιμοποιούνται στη μαγειρική και τη ζαχαροπλαστική. Τα περισσότερα απ' αυτά τα βρίσκουμε βέβαια σε όλη την ελληνική επικράτεια, η σημασία όμως που έχει το καθένα και ο τρόπος που συνδυάζονται μεταξύ τους, δίνουν το ιδιαίτερο στίγμα της ανδριώτικης κουζίνας.

Αρχίζοντας με τα μυρωδικά, ο δυόσμος και η ρίγανη είναι αυτά που χρησιμοποιούνται περισσότερο. Αλλά και το δεντρολίβανο, η μέντα, η μαντζουράνα, το τρισαΐ χαρίζουν το άρωμά τους στα πιάτα και στα γλυκά.*

Για πολλούς μήνες, απ' τις πρώτες γερές βροχές ώς την άνοιξη, η ανδριώτικη γη προσφέρει άφθονα άγρια χόρτα σε μεγάλη ποικιλία. Αλιφόνια, αδράμια*, αλωνίδες*, βρούβες και βρουβάσταχα*, γαλασίδες, καρύδες* ή χαλικωτές*, πικροράδικα, προβάσια*, ζόχοι* και άγρια σπαράγγια, φυτρώνουν όλα στις πλαγιές του νησιού. Όσα βγαίνουν κοντά στη θάλασσα είναι τα πιο νόστιμα.*

Δέντρα κάθε είδους δίνουν τους καρπούς τους. Οι κυδωνιές κι οι βυσσινιές, οι παμπιλονιές, οι νεραντζιές, οι λεμονιές κι οι πορτοκαλιές, οι αχλαδιές κι οι καϊσιές*, οι μουριές, οι καρυδιές κι οι αμυγδαλιές, οι συκές, τα λάινα*. Οι μηλιές είναι πιο σπάνιες, θέλουν υψόμετρο, τα φυρίκια όμως απ' τον Αμόλοχο είναι περίφημα.*

Στα εύφορα κτήματα, στις αιμασιές γύρω απ' το σπίτι και βέβαια στους κάμπους και στους μπαξέδες, οι κήποι των νοικοκυραίων αλλά και οι καλλιέργειες των αγροτών, με την ευλογία του νερού, παράγουν λιμπιστά ζαρζαβατικά: τρυφερά λυράκια, κολοκυθάκια και κουκιά, δηλαδή ό,τι είναι απαραίτητο για τις φουρτάλιες*. Μαζί μ' αυτά, τ' αμπελοφάσουλα, οι μελιτζάνες και οι γλυκές ντομάτες, για τη σαλάτα και τον πελτέ της χρονιάς. Τέλος, τα περιζήτητα κρεμμύδια της Άνδρου, αλλά και η ρόκα, ο μαϊντανός και το σέλινο.*

Στις ανεντράδες και στις αιμασιές* ωριμάζουν λογιών λογιών σταφύλια, φαγώσιμα και για κρασί. Από κει μαζεύουμε και τα κληματόφυλλα για τα ντολμαδάκια, πιάτο απαραίτητο στο καλό τραπέζι.*

Στα ντόπια τυριά υπάρχει ποικιλία, από γάλα κατσικίσιο και αγελαδινό: πετρωτή, αρμεξιά*, μαλαχτό*, βολάκι*, κοπανιστή και χλωρό. Το βούτυρο γάλακτος είναι λιγοστό. Μαζεύουμε το καϊμάκι απ' την πέτσα του γάλακτος και το χρησιμοποιούμε σε φαγητά και γλυκά αντί για βούτυρο.*

Οι Ανδριώτες, ψαρεύουν με δίχτυα, παραγάδι, πετονιά, καλαμίδι, κιούρτο, αρμίδι, καθητή, συρταρόλι και πεζόβολο. Όταν είναι νηνεμία, οι ψαράδες δουλεύουν πυροφάνι και καμάκους*. Στα ψάρια δεν μπορεί να υπολογίζει κανείς για το καθημερινό του. Είναι πάντως ευπρόσδεκτα όποτε ο καιρός το επιτρέπει.*

Το κατώι του σπιτιού είναι διαμορφωμένο με σοφία και νοικοκυροσύνη. Στο δάπεδο τα πιθάρια με το λάδι, τα σακιά με τα καρύδια, τα αμύγδαλα, τα ξερά φασόλια και τα ξερά κουκιά. Οι ζάρες με τις ελιές, τα βάζα με το μέλι, το πετιμέζι και τα γλυκά του κουταλιού, τα μεταλλικά κουτιά με τις τσαπέλες, τα φουρνιστά σύκα και τις παστελαριές, γεμίζουν τα ράφια. Πιο πέρα και σε περίοπτη θέση, οι μπουρνιές* με τα χοιρινά* μπιθιασμένα*, οι μυρωδάτες γλίνες* χωριστά (αλατισμένες και ανάλατες), έτοιμες να μπουν στη φουρτάλια ή στους κουραμπιέδες. Τα χειροποίητα ζυμαρικά (φιδές, τραχανάς) νοικοκυρεμένα μέσα σε πάνινα σακούλια κρέμονται με γάντζους απ' το ταβάνι. Γύρω γύρω οι πλεξούδες με τα σκόρδα, τα ξερά κρεμμύδια, τα τουρκάκια* και τα δεμάτια με όλα τα μυρωδικά. Ένας κόσμος ολόκληρος αφιερωμένος στο «ευ ζην» των νοικοκυραίων. Μέσα στο σπίτι, πάλι, το φανάρι κρεμασμένο από ψηλά σε σημείο με ρεύμα αέρα, χρησιμεύει σαν θάλαμος συντήρησης και υποτυπώδους ψύξης.*

Για να λειτουργήσει η κουζίνα σωστά και να πετυχαίνουν τα φαγητά και τα γλυκά, κάθε νοικοκυριό έπρεπε να έχει τα κατάλληλα εργαλεία και σκεύη. Αυτά τα κατασκεύαζαν συνήθως μαστόροι (ξυλουργοί, υδραυλικοί κ.ά.) κατά παραγγελία. Για τη χρησιμότητα αλλά και τη συμβολική αξία τους, περνούσαν (και εξακολουθούν να περνούν τα περισσότερα) από μητέρα σε κόρη κι από κόρη σε εγγονή, μέρος της προίκας κάθε κοριτσιού για να ξεκινήσει το δικό του σπιτικό. Αυτά λοιπόν ήταν: μια κρησάρα για τον τραχανά, μια ξύστρα χοντρή για το κυδώνι, ένα τηγάνι μαυρισμένο απ' τη φωτιά για να ψήνει τις φουρτάλιες και να μην κολλάει, ένα καπάκι χωρίς χείλια για να γυρίζει τις φουρτάλιες, μια βελόνα χοντρή (σακοράφα) μαζί με σπάγγο ή νήμα για το ράψιμο του λαμπριάτη*, πλαστήρας* και πήχης για το παστέλι, πλάστης για ν' ανοίγει τις ζύμες, τουλπάνια και τσαντίλες για να στραγγίζουν και να πήξουν τα τυριά, μια δωδεκάδα μικρά χωνιά για να γεμίζονται τα λουκάνικα στα χοιροσφάγια* κι ένας χερόμυλος για να κόβει το σιτάρι και το μιγάδι. Βέβαια, στην προίκα μετρούσαν και τα μπακίρια (κατσαρόλες, ταψιά και γουδιά). Χρήσιμα ήταν, τέλος, και τα τούλια απ' τις μπομπονιέρες, που τα φύλαγαν για να σκεπάζουν και να προστατεύουν τα σύκα και ό,τι άλλο άπλωναν να στεγνώσει στον ήλιο.*

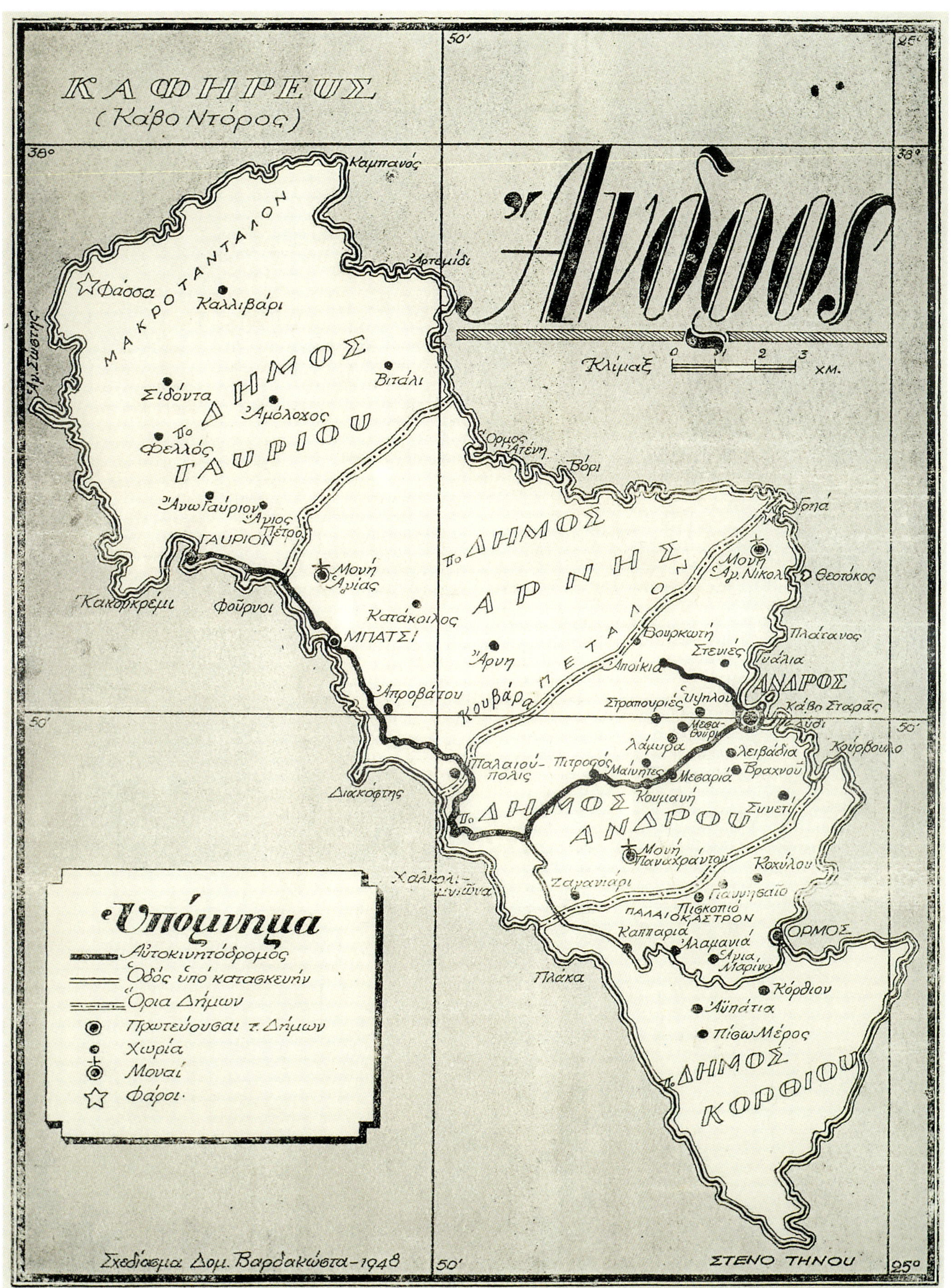

Δομένικος Βαρδακώστας, *Άνδρος*, 1948, χρωμολιθογραφία, Συλλογή Αριστείδη Μανταδέλη.
Αναδημοσίευση από την έκδοση Π. Σ. Παπαδόπουλος, *Δομένικος Βαρδακώστας: 1905-1981*, Αθήνα 2008.

Η ντομάτα ή «μήλον του έρωτος» (καρπός, όπως πιστεύεται, με αφροδισιακές ιδιότητες) κατέχει σπουδαία θέση στη διατροφή και τη μαγειρική. Το καλοκαίρι οι ντομάτες παράγονται σε μεγάλες ποσότητες, είναι γλυκές και νόστιμες, και, για όσους δεν τις μεγαλώνουν στον κήπο τους, έχουν καλή τιμή!

Όταν είναι άφθονες λοιπόν, οι νοικοκυρές τις φτιάχνουν πελτέ και τις διατηρούν όλο το χειμώνα. Τον Αύγουστο και το Σεπτέμβρη οι αιμασιές κοντά στα σπίτια είναι γεμάτες με τις πήλινες λεκάνες του πελτέ που λιάζεται για το χειμώνα.*

Όταν ήμουν παιδί, μου άρεσε να περνώ τα καλοκαίρια με τη γιαγιά και τον παππού στο σπίτι με το κτήμα στις Στενιές. Με μεγάλη χαρά βοηθούσα στο μάζεμα της ντομάτας και με ακόμα μεγαλύτερη ευχαρίστηση έβαζα τα χέρια μου στο τρυπητό και έλιωνα τις κατακόκκινες ντομάτες.

Ντοματοπελτές

ΥΛΙΚΑ

(ΓΙΑ ½ ΚΙΛΟ ΠΕΛΤΕ)

20 ΚΙΛΑ ΝΤΟΜΑΤΕΣ ΩΡΙΜΕΣ

½ ΚΙΛΟ ΑΛΑΤΙ ΠΕΡΙΠΟΥ

ΕΚΤΕΛΕΣΗ

- Διαλέγουμε τις πιο κόκκινες ντομάτες προσέχοντας να μην είναι χαλασμένες γιατί αυτό θα επηρεάσει αργότερα όλον τον πελτέ.
- Πλένουμε τις ντομάτες και τις κόβουμε μικρά κομμάτια.
- Τις βάζουμε σε πήλινες λεκάνες και τις αλατίζουμε. Τις αφήνουμε για μία μέρα να χάσουν τα υγρά τους. Σ' αυτό βοηθάει πολύ το αλάτι.
- Στη συνέχεια τις περνάμε από το τρυπητό και τις «ζυμώνουμε» με τα χέρια, ώστε να ξεχωρίσουν φλούδες και σπόρια.
- Βάζουμε το χυμό σε ανοξείδωτη κατσαρόλα και τον βράζουμε σε μέτρια φωτιά για μία ώρα περίπου. Σκοπός μας είναι να εξατμιστεί το νερό και να πυκνώσει ο χυμός.
- Κατόπιν, μεταφέρουμε τον συμπυκνωμένο χυμό σε πήλινη λεκάνη (σημείωση: η ντομάτα έχει οξύ και διαβρώνει). Τον αφήνουμε στον ήλιο να στεγνώσει, σκεπασμένο με λεπτό πανί.
- Μετά από 2 ή 3 μέρες ξαναπερνάμε το χυμό από το τρυπητό για ν' αφαιρέσουμε τυχόν φλούδες ή σπόρους και τον ξαναβράζουμε προσθέτοντας το ανάλογο αλάτι για συντήρηση και ανακατεύοντας πάντα με ξύλινη κουτάλα. Το ζητούμενο είναι ο πυκνόρρευστος πελτές.
- Αδειάζουμε σε γυάλινα βάζα τα οποία έχουμε προηγουμένως αποστειρώσει βράζοντάς τα 10 λεπτά. Στο γέμισμα κάθε βάζου αφήνουμε ένα δάχτυλο κενό ώστε να το συμπληρώσουμε με ελαιόλαδο και να αποφύγουμε το μούχλιασμα. Έτσι εξασφαλίζουμε καλή συντήρηση του πελτέ για μεγάλο χρονικό διάστημα.
- Τέλος, αποθηκεύουμε τα βάζα σε δροσερό και σκιερό μέρος.

Υγιεινή και θρεπτική, η σούπα φτιάχνεται συνήθως με λίγα και απλά υλικά. Σκοπός της να μας τονώσει, μαζί με φρέσκο ψωμί ή παξιμάδι, ύστερα από μια κουραστική μέρα. Τα υλικά της μπαίνουν απ' την αρχή στην κατσαρόλα, σε κρύο νερό και σιγανή φωτιά.

Ένα πιάτο ζεστή σούπα είναι πάντα ευπρόσδεκτο τα κρύα βράδια όταν κάθεται στο τραπέζι όλη η οικογένεια, μετά τη δουλειά στα χωράφια, το μάζεμα της ελιάς ή το κόψιμο των λεμονιών.

Η κρεατόσουπα και η κοτόσουπα είναι ζωμός δυναμωτικός, φάρμακο για τα κρυολογήματα. Μια σούπα από λυράκι ή τραχανά καταπραΰνει τον οργανισμό. Ακόμα και το καλοκαίρι, μια ντοματόσουπα ή χορτόσουπα μας προετοιμάζει να δεχτούμε πιο σύνθετα εδέσματα. Στις νηστείες πάλι, η ταχινόσουπα είναι το πιο θρεπτικό και θερμαντικό πιάτο. Η μαγειρίτσα, με τη σειρά της, έρχεται να φροντίσει το στομάχι μας πριν από τη γαστρονομική «δοκιμασία» του λαμπριάτη.

Η κακκαβιά, τέλος, σούπα βασιλική, είναι από μόνη της πλήρες γεύμα. Το ξημέρωμα, παίρνει την κακουχία από το σώμα των ψαράδων, που έχουν περάσει τη νύχτα στο πέλαγος, με την αλμύρα και την υγρασία.

Το αστικό περιβάλλον της Χώρας έχει πρόσβαση στα φρέσκα ζαρζαβατικά, απαραίτητα για τις χορτόσουπες και το καλό μαγείρεμα, από τους περιπλανώμενους μανάβηδες, που γυρίζουν την Αγορά και τα στενά με τα γαϊδουράκια τους φορτωμένα, και μοιράζουν την πραμάτεια στις τακτικές πελάτισσες. Κάθε νοικοκυρά έχει τους προμηθευτές της αλλά και τις προτιμήσεις της!

ΣΟΥΠΕΣ

Κακκαβιά είναι η σούπα των ψαράδων και τ' όνομά της προέρχεται από την «κακκάβην», τη χύτρα των αρχαίων.

Τα καΐκια ξεκινάνε το σούρουπο για μακρινούς ψαρότοπους και το ξημέρωμα επιστρέφουν με λογιών λογιών ψάρια στα δίχτυα τους. Τα μικρά και τα χτυπημένα, που δεν είναι κατάλληλα για την αγορά, τα κρατούν οι ψαράδες και τα μαγειρεύουν κακκαβιά. Χάννοι, μένουλες, μικροί σκάροι, σπάροι, σαργοί, γύλοι, πέρκες, πετροχειλούδες, σκορπίνες και άλλα βραστόψαρα, όλα μπαίνουν στο καζάνι και βράζουν με θαλασσινό νερό.

Η καλύτερη κακκαβιά λοιπόν τρώγεται πάνω στο καΐκι αλλά και στην αμμουδιά και είναι βάλσαμο μετά το ξενύχτι και την ταλαιπωρία, πότε ανοικτά της Φάσας, πότε έξω απ' το Συνετί και πότε κοντά στον Αϊ-Γιάννη στις Κρεμμύδες.

Σήμερα οι ψαράδες γευματίζουν πιο λιτά: μια ντομάτα, λίγο τυρί και σαλάμι, ψωμί και λίγο τσίπουρο για το κρύο. Οι καλονοικοκυράδες, όμως, συνεχίζουν χωρίς ταλαντεύσεις. Όταν εμφανιστεί η κατάλληλη ψαριά, στήνουν την κακκαβιά και μοσχοβολάει το σπίτι!

Κακκαβιά

ΥΛΙΚΑ

1 ΚΙΛΟ ΒΡΑΣΤΟΨΑΡΑ
6 ΚΑΒΟΥΡΑΚΙΑ ΑΠΟ ΤΟ ΔΙΧΤΥ
5 ΚΡΕΜΜΥΔΙΑ
2 ΠΑΤΑΤΕΣ
2 ΚΑΡΟΤΑ
2 ΝΤΟΜΑΤΕΣ
2 ΚΟΛΟΚΥΘΑΚΙΑ
1 ΜΑΤΣΑΚΙ ΣΕΛΙΝΟ
ΛΙΓΟ ΠΙΠΕΡΙ
1 ΛΕΜΟΝΙ, ΤΟ ΧΥΜΟ
ΕΛΑΙΟΛΑΔΟ
ΘΑΛΑΣΣΙΝΟ ΝΕΡΟ

ΕΚΤΕΛΕΣΗ

- Καθαρίζουμε τα ψάρια. Βάζουμε θαλασσινό νερό να βράσει σε δυνατή φωτιά. Στο μεταξύ καθαρίζουμε τις πατάτες, τα κρεμμύδια, τα καρότα, τις ντομάτες και το σέλινο, και τα προσθέτουμε όλα στο νερό, ολόκληρα. Τ' αφήνουμε να βράσουν σκεπασμένα 15 λεπτά.
- Προσθέτουμε τα ψάρια και τα καβουράκια (ολόκληρα), αφού πρώτα τα έχουμε κλείσει όλα μέσα σε τουλπάνι για να μη διαλυθούν με το βράσιμο. (Οι ψαράδες για το σκοπό αυτό χρησιμοποιούσαν ένα κομμάτι δίχτυ.) Στο θαλασσινό νερό προσθέτουμε και λίγο από τη βρύση, όσο να σκεπάζονται τα ψάρια.
- Τα βράζουμε 15 λεπτά ακόμη, χωρίς να τα σκεπάσουμε.
- Δοκιμάζουμε αν είναι έτοιμα και κατεβάζουμε την κατσαρόλα από τη φωτιά. Μέσα απ' το τουλπάνι διαλέγουμε τα μεγαλύτερα ψάρια μαζί με τα καβουράκια και τα τοποθετούμε σε πιατέλα. Τα καθαρίζουμε προσεκτικά από τα κόκαλα και χωρίζουμε το ψαχνό τους σε μικρά κομμάτια. Τα υπόλοιπα τα στύβουμε μέσα στο τουλπάνι ώστε να πάρουμε το χυλό τους.
- Τα βρασμένα λαχανικά τα βάζουμε σε τρυπητό. Τα πιέζουμε με κουτάλι πολύ καλά ώστε να γίνουν κι αυτά χυλός που θα προστεθεί στη σούπα για να γίνει παχύρρευστη.
- Σερβίρουμε τη σούπα σε βαθιά πιάτα προσθέτοντας τα καθαρισμένα ψάρια από την πιατέλα και τα καβουράκια, μαζί με ελαιόλαδο και χυμό λεμόνι.

Το ταχίνι (από την τουρκική λέξη tahin) είναι ο πολτός από το αλεσμένο σουσάμι. Πολύ ωφέλιμο για τον οργανισμό, περιέχει βιταμίνη Ε και μάλιστα σε ποσοστό μεγαλύτερο απ' ό,τι το ελαιόλαδο.

Επιπλέον, έχει αντικαρκινική δράση και αναστέλλει την εξέλιξη χρόνιων παθήσεων (όπως του καταρράκτη, του διαβήτη, της νόσου Αλτσχάιμερ, της νόσου Πάρκινσον, καρδιαγγειακών παθήσεων κ.ά.). Δεν περιέχει καθόλου χοληστερίνη. Ακόμη, προστατεύει από τις φθορές που προκαλούν οι λεγόμενες ελεύθερες ρίζες και τα υποπροϊόντα του μεταβολισμού.

Σε πολλές νηστίσιμες συνταγές το ταχίνι αντικαθιστά το βούτυρο και το λάδι. Τη Μεγάλη Παρασκευή, μέρα αυστηρότατης νηστείας, μια φέτα ψωμί με ταχίνι και μέλι γίνεται ιδανικό πρωινό, κυρίως για τα παιδιά. Το μεσημέρι, πάλι, μετά την Αποκαθήλωση, μια ζεστή ταχινόσουπα στο λιτό τραπέζι με τα ανάλαδα και τα νερόβραστα, δίνει δύναμη και ενέργεια στους πιστούς για να συνεχίσουν την Εβδομάδα των Παθών.

Ταχινόσουπα

ΥΛΙΚΑ

- 6 ΦΛΙΤΖΑΝΙΑ ΝΕΡΟ
- 1 ΦΛΙΤΖΑΝΙ ΚΡΙΘΑΡΑΚΙ ΜΕΤΡΙΟ
- 1 ΦΛΙΤΖΑΝΙ ΤΑΧΙΝΙ
- 1 ΚΟΥΤΑΛΑΚΙ ΤΟΥ ΓΛΥΚΟΥ ΑΛΑΤΙ
- 1½ ΦΛΙΤΖΑΝΙ ΝΕΡΟ (ΓΙΑ ΝΑ ΑΡΑΙΩΣΟΥΜΕ ΤΟ ΤΑΧΙΝΙ)
- 1 ΛΕΜΟΝΙ ΜΙΚΡΟ, ΤΟ ΧΥΜΟ

ΕΚΤΕΛΕΣΗ

- Βράζουμε το νερό και προσθέτουμε το κριθαράκι μαζί με το αλάτι. Αφήνουμε να βράσουν 7 λεπτά.
- Σε μπολ χτυπάμε το ταχίνι μαζί με το νερό και προσθέτουμε το χυμό λεμόνι λίγο λίγο. (Σημείωση για το πώς συμπεριφέρεται το ταχίνι: με το λεμόνι σφίγγει, ενώ με το νερό αραιώνει.)
- Παίρνουμε κουταλιές από τη ζεστή σούπα της κατσαρόλας και τις προσθέτουμε σιγά σιγά στο μπολ με το ταχίνι ανακατεύοντας συνεχώς ώστε να πετύχουμε ένα ομοιόμορφο μείγμα.
- Μεταφέρουμε το μείγμα στην κατσαρόλα και την τοποθετούμε ξανά σε χαμηλή φωτιά. Ανακατεύουμε λίγα λεπτά ώσπου να δέσει.
- Σερβίρουμε τη σούπα ζεστή.

Ο τραχανάς της χρονιάς φτιάχνεται στις αρχές του φθινοπώρου. Η οικογένεια κάθεται γύρω απ' το τραπέζι της κουζίνας και τρίβει τα πιτάρια, λέγοντας ιστορίες. Έτσι θυμάμαι κι εγώ, σε κάποιες επισκέψεις μας στο σπίτι στις Στενιές, να βοηθάμε τη γιαγιά στον τραχανά και ν' ακούμε όλο αυτιά τις περιπέτειες του θαλασσινού βίου του πάππου. Πότε για τον τορπιλισμό έξω από την Τζιμπεράλτα και πότε για τα καμώματα του Έκτορα, του πιστού του σκύλου πάνω στο βαπόρι.*

Τραχανάς σούπα

ΥΛΙΚΑ

ΓΙΑ ΤΟΝ ΤΡΑΧΑΝΑ

- 2 ΦΛΙΤΖΑΝΙΑ ΣΙΜΙΓΔΑΛΙ ΨΙΛΟ
- 1 ΦΛΙΤΖΑΝΙ ΓΑΛΑ ΦΡΕΣΚΟ, ΚΑΤΣΙΚΙΣΙΟ ΚΑΤΑ ΠΡΟΤΙΜΗΣΗ
- 1 ΚΟΥΤΑΛΑΚΙ ΤΟΥ ΓΛΥΚΟΥ ΑΛΑΤΙ
- $^{3}/_{4}$ ΦΛΙΤΖΑΝΙΟΥ ΑΛΕΥΡΙ ΓΙΑ ΟΛΕΣ ΤΙΣ ΧΡΗΣΕΙΣ, ΓΙΑ ΤΟ ΠΑΣΠΑΛΙΣΜΑ

ΓΙΑ ΤΗ ΣΟΥΠΑ

- 1 ΦΛΙΤΖΑΝΙ ΤΡΑΧΑΝΑ
- 3 ΦΛΙΤΖΑΝΙΑ ΝΕΡΟ
- 1 ΦΛΙΤΖΑΝΙ ΧΥΜΟ ΝΤΟΜΑΤΑ Ή 3 ΦΡΕΣΚΕΣ ΝΤΟΜΑΤΕΣ ΞΕΦΛΟΥΔΙΣΜΕΝΕΣ ΚΑΙ ΨΙΛΟΚΟΜΜΕΝΕΣ
- 2 ΚΟΥΤΑΛΙΕΣ ΤΗΣ ΣΟΥΠΑΣ ΒΟΥΤΥΡΟ ΦΡΕΣΚΟ Ή ΕΛΑΙΟΛΑΔΟ
- ΑΛΑΤΙ
- ΠΙΠΕΡΙ ΦΡΕΣΚΟ ΤΡΙΜΜΕΝΟ
- ΤΥΡΙ ΤΡΙΜΜΕΝΟ (ΠΡΟΑΙΡΕΤΙΚΑ)

ΕΚΤΕΛΕΣΗ

ΓΙΑ ΤΟΝ ΤΡΑΧΑΝΑ

- Ζεσταίνουμε το γάλα να γίνει χλιαρό, το αδειάζουμε σε μπολ μαζί με το σιμιγδάλι και το αλάτι, και ανακατεύουμε. Σκεπάζουμε το μπολ με καθαρή πετσέτα και το αφήνουμε ώσπου να «σκάσει» (να φουσκώσει) το σιμιγδάλι.
- Παίρνουμε κομμάτια από το μείγμα και τα πλάθουμε σε μικρές πίτες σε μέγεθος παλάμης. Αν η ζύμη κολλάει στο χέρι, την πασπαλίζουμε με λίγο αλεύρι (αυτό βοηθάει τον τραχανά να χυλώσει στο μαγείρεμα).
- Σε τραπέζι στρώνουμε λινές πετσέτες και βάζουμε επάνω τις πιτούλες μας για ν' απορροφηθεί η υγρασία τους και να στεγνώσουν.
- Μετά από 2-3 μέρες, τις κόβουμε σε ακόμη μικρότερα κομμάτια σπάζοντάς τες με τα δάκτυλα και τις αφήνουμε πάλι να στεγνώσουν σε πετσέτες για ένα 24ωρο.
- Τέλος, τρίβουμε τα κομμάτια σε χοντρό κόσκινο (κρησάρα*) ώσπου να πάρουν ακανόνιστο κοκκώδες σχήμα (σαν ψιλό χαλικάκι).
- Φυλάμε τον τραχανά σε κλειστά γυάλινα βάζα.

ΓΙΑ ΤΗ ΣΟΥΠΑ

- Σε κατσαρόλα βράζουμε το νερό με το χυμό ντομάτα ή τις φρέσκες ντομάτες, και στη συνέχεια προσθέτουμε το βούτυρο ή το ελαιόλαδο.
- Ύστερα από μερικές βράσεις, προσθέτουμε τον τραχανά και το αλάτι. Αφήνουμε να βράσουν 10 λεπτά περίπου, ώσπου να χυλώσει η σούπα.
- Σερβίρουμε αμέσως σε βαθιά πιάτα με φρεσκοτριμμένο πιπέρι.
- Εάν κάποιος το επιθυμεί, προσθέτει στο σερβίρισμα τυρί τριμμένο.

Για μια καλή σαλάτα χρειάζονται τρεις άνθρωποι: ένας τρελός, ένας τσιγκούνης κι ένας σπάταλος. Ο σπάταλος βάζει το λάδι, ο τσιγκούνης το ξίδι κι ο τρελός το ανακάτεμα.

Η Άνδρος, τόπος προικισμένος με πλούσια φυσική βλάστηση αλλά και νερό και έδαφος κατάλληλο για καλλιέργεια, προσφέρει στους ανθρώπους της ποικιλία άγριων χόρτων και κηπευτικών όλο το χρόνο.

Το καλοκαίρι, εποχή με αφθονία σε λαχανικά, οι σαλάτες είναι στις δόξες τους, ωμές ή βραστές. Οι ντομάτες, γλυκές και με ψαχνό, από τον Αμόλοχο ή από τον κάμπο της Άχλας οι εκλεκτότερες, είναι η βάση για διάφορες δροσερές σαλάτες. Η ρόκα, η αντράχλα και η κάππαρη συνεισφέρουν στην απαραίτητη παραλλαγή των γεύσεων. Οι βραστές σαλάτες γίνονται από ήμερα χόρτα και λαχανικά – βλίτα, αμπελοφάσουλα, κολοκυθάκια και λυράκια, όλα με ελαιόλαδο και ξίδι ή χυμό λεμόνι, ανάλογα με τις προτιμήσεις.*

Τα άγρια χόρτα, σπουδαίο κομμάτι της διατροφής των Ανδριωτών, εμφανίζονται λίγες βδομάδες μετά τα πρωτοβρόχια. Το Νοέμβρη αρχίζει το μάζεμα και κρατάει ώς τον Απρίλη – ή όσο κρατήσουν οι βροχές. Από τη Σταυροπέδα ώς τη Ζαγορά κι από το Συνετί ώς το Κόρθι, κοντά σε ρεματιές και πάνω σε απότομες πλαγιές, οι καρύδες ή αλλιώς χαλικωτές*, οι βρούβες, τ' αλιφόνια*, οι κουσουνάδες*, οι γαλασίδες, τα προβάσια*, τα βρουβάσταχα*, οι ζόχοι*, τα πικροράδικα, τ' αδράμια* και τ' άγρια σπαράγγια, όλα περιμένουν τους επίδοξους συλλέκτες και καταναλωτές τους. Ακόμα κι οι τρυφερές κορφές από τις φτέρες τηγανίζονται με λίγο αλεύρι και σβήνονται με ξίδι.*

Το μάζεμα των χόρτων δίνει την ευκαιρία για περπάτημα στο ύπαιθρο και ελαφρά άσκηση. Συχνά συνδυάζεται με προσκύνημα σε ξωκκλήσια.

Μερικές συμβουλές για το μάζεμα των χόρτων:

- *Αν μαζέψουμε χόρτα σε μέρη κοντά στη θάλασσα, τότε θα 'χουν περισσότερη νοστιμιά.*
- *Προτιμάμε τις απογευματινές ώρες ώστε τα χόρτα να έχουν τραβήξει από το έδαφος όλες τις ωφέλιμες ουσίες.*
- *Σε όσα χόρτα ξαναπετάνε, φροντίζουμε να κόβουμε τα βλαστάρια μόνο και όχι τις ρίζες.*
- *Προσέχουμε τον τόπο απ' όπου μαζεύουμε τα χόρτα. Όχι κοντά σε αγρούς, γιατί μπορεί οι καλλιεργητές να έχουν ραντίσει. Όχι πλάι σε δρόμους απ' όπου περνούν ζώα κι αυτοκίνητα που μπορεί να έχουν μολύνει το χώμα. Προτιμάμε ρεματιές, λόφους ή βραχώδεις περιοχές.*
- *Προτιμάμε την πάνινη τσάντα από τις νάιλον σακούλες ώστε τα χόρτα μας ν' αναπνέουν.*
- *Τα πλένουμε πάντα πολύ καλά με κρύο νερό.*
- *Τα βράζουμε σκεπασμένα στην κατσαρόλα σε δυνατή φωτιά για να μαγειρευτούν γρήγορα χωρίς να χάσουν τις πολύτιμες ουσίες τους.*

ΣΑΛΑΤΕΣ & ΧΟΡΤΑ

Τα αδράμια ή δράμια*, «λευκή άμπελος» στον Διοσκουρίδη, έχουν διουρητικές και καθαρτικές ιδιότητες. Ανήκουν στα εκλεκτά χόρτα του νησιού. Τα βρίσκουμε σε περιορισμένες ποσότητες σε σκιερά και δυσπρόσιτα μέρη το χειμώνα. Οι άνθρωποι τα απολαμβάνουν βραστά με λαδόξιδο. Μερικοί τα σερβίρουν σε βαθύ πιάτο για να γευτούν το πικρό ζουμί τους, που γίνεται βαθύ μωβ μόλις έρθει σ' επαφή με το ξίδι.*

Τι πιο νόστιμο από ένα τηγανητό αυγό μάτι μ' ένα πιάτο αδράμια βραστά!

Όταν οι θείες μου μαζεύονταν στις βεγγέρες του χειμώνα, έπιαναν κουβέντα για τα περασμένα.

– Θυμάσαι, Ευγενία μου, τη θεία που μας έφτιαχνε τα βράδια αυγό τηγανητό με δράμια;

– Θυμάμαι, Μόσχα μου. Έπαιρνε το καϊμάκι απ' το φρεσκοβρασμένο γάλα, το ξεχώριζε σ' ένα πιάτο και μας το 'δινε πασπαλισμένο με λίγη ζάχαρη.

– Θυμάσαι, Ευγενία μου, κι εκείνα τα τηγανητά αυγά με το καϊμάκι; Σήμερα ούτε να τα μυρίσουμε δεν μπορούμε!

Αδράμια με αυγό τηγανητό

ΥΛΙΚΑ

ΜΙΑ ΧΕΡΙΑ ΑΔΡΑΜΙΑ
ΑΛΑΤΙ
ΕΛΑΙΟΛΑΔΟ
ΞΙΔΙ

1 ΑΥΓΟ
2 ΚΟΥΤΑΛΙΕΣ ΤΗΣ ΣΟΥΠΑΣ ΚΑΪΜΑΚΙ ΑΠΟ ΠΛΗΡΕΣ ΓΑΛΑ
ΑΛΑΤΙ ΚΑΙ ΠΙΠΕΡΙ

ΕΚΤΕΛΕΣΗ

- Καθαρίζουμε τα αδράμια και προσέχουμε να κόψουμε τη σκληρή άκρη στο κάτω μέρος.
- Τα βράζουμε σε μπόλικο νερό με αλάτι ώσπου να μαλακώσουν (προσοχή: χωρίς να λιώσουν) και να λιγοστέψει η έντονη πικράδα τους.
- Τα σουρώνουμε και τα περιχύνουμε με λαδόξιδο.
- Τα αφήνουμε στην άκρη να κρυώσουν –καθώς τρώγονται χλιαρά ή κρύα– και ετοιμάζουμε το αυγό.
- Βάζουμε σε τηγανάκι το καϊμάκι να λιώσει και προσθέτουμε το αυγό να γίνει μάτι.
- Το σερβίρουμε δίπλα στα χόρτα προσθέτοντας λίγο αλάτι και πιπέρι, και το τρώμε με μια φέτα ψωμί ψημένο (που κάποτε ψηνόταν στο μαγκάλι).

Το κρίταμο είναι άγριο χόρτο με μικρά σαρκώδη φύλλα σε ανοιχτό γκριζοπράσινο χρώμα. Φυτρώνει στις σχισμές των βράχων δίπλα στη θάλασσα και σ' αυτό οφείλει τη χαρακτηριστική γεύση του. Η επιστημονική ονομασία του είναι «κρίθμον το παραθαλάσσιον».

Στα χρόνια της Κατοχής οι Ανδριώτες το εκτιμούσαν ιδιαίτερα. Σήμερα, που έχει ανακαλυφθεί ξανά η διατροφική αξία του και η νοστιμιά του, το βρίσκουμε σε ταβέρνες που σέβονται τη φήμη τους. Αν το θελήσουμε στο σπιτικό τραπέζι, θα πρέπει να το μαζέψουμε μόνοι μας ή να μας το προσφέρουν πεσκέσι. Κάνοντας περίπατο στην παραλία του Νημποριού, το ανακάλυψα κι εγώ και το έβαλα στη διατροφή μου.

Κρίταμο σαλάτα βραστή

ΥΛΙΚΑ

ΚΡΙΤΑΜΟ

ΑΛΑΤΙ

ΕΛΑΙΟΛΑΔΟ

ΧΥΜΟ ΛΕΜΟΝΙ

ΕΚΤΕΛΕΣΗ

- Καθαρίζουμε το κρίταμο από τα ξερά και τα σάπια φύλλα, και αφαιρούμε με μαχαιράκι το ξερό μέρος της ρίζας.

  Πλένουμε δυο τρεις φορές με κρύο νερό. Βάζουμε στο μάτι μεγάλη κατσαρόλα με μπόλικο νερό και μία κουταλιά της σούπας αλάτι. Όταν το νερό αρχίσει να κοχλάζει, ρίχνουμε τα χόρτα και τ' αφήνουμε να βράσουν 5 λεπτά.
- Τα βγάζουμε από τη φωτιά, τα στραγγίζουμε και τα σερβίρουμε (ζεστά ή κρύα) με ελαιόλαδο και χυμό λεμόνι.

Η αντράχλα (γλιστρίδα ή «ανδράχνη») είναι φυτό με θεραπευτικές ιδιότητες που ενεργεί κυρίως ως κατευναστικό και διουρητικό.

Αγαπάει πολύ το νερό, γι' αυτό και στην Άνδρο θα τη βρούμε να φυτρώνει μόνη της όλο το καλοκαίρι οπουδήποτε ποτίζουμε συχνά: στις γούρνες γύρω από τα δέντρα, στις πρασιές ανάμεσα στα ζαρζαβατικά, ακόμα και στις γλάστρες της αυλής.

Στα μανάβικα, αν είστε τυχεροί, θα τη βρείτε κάποιες μέρες. Η αντράχλα είναι ευαίσθητη και μαραίνεται εύκολα, γι' αυτό καλύτερα να τη χρησιμοποιήσετε αμέσως ή το πολύ αυθημερόν.

Τα μικρά γυαλιστερά φύλλα της και η ντελικάτη γεύση της δίνουν στο πιάτο μας μια μοναδική χρωματική και γευστική πινελιά.

Σαλάτα με αντράχλα

ΥΛΙΚΑ

2 ΝΤΟΜΑΤΕΣ ΜΕΤΡΙΕΣ
1 ΑΓΓΟΥΡΙ ΜΙΚΡΟ
1 ΚΡΕΜΜΥΔΑΚΙ ΦΡΕΣΚΟ
1 ΦΛΙΤΖΑΝΙ ΦΥΛΛΑ ΑΝΤΡΑΧΛΑΣ
150 ΓΡΑΜΜ. ΤΥΡΙ ΝΤΟΠΙΟ ΠΕΤΡΩΤΗ*
1 ΚΟΥΤΑΛΙΑ ΤΗΣ ΣΟΥΠΑΣ ΡΙΓΑΝΗ
3-4 ΚΟΥΤΑΛΙΕΣ ΤΗΣ ΣΟΥΠΑΣ ΕΛΑΙΟΛΑΔΟ
ΑΛΑΤΙ

ΕΚΤΕΛΕΣΗ

- Πλένουμε τις ντομάτες και τις κόβουμε μικρά κομμάτια.
- Κόβουμε το αγγούρι φέτες και το κρεμμυδάκι ροδέλες. Πλένουμε την αντράχλα και ξεχωρίζουμε τα φύλλα της. Κόβουμε την πετρωτή μικρά κομμάτια.
- Τοποθετούμε όλα τα υλικά σε μπολ και προσθέτουμε αλάτι, ελαιόλαδο και ρίγανη.

Η κοπανιστή είναι παραδοσιακό τυρί των Κυκλάδων. Μαλακό και υποκίτρινο με μοναδική, έντονα πιπεράτη γεύση. Η εποχή της είναι το καλοκαίρι: η προετοιμασία ξεκινάει Ιούνιο-Ιούλιο και το τυρί είναι ώριμο το νωρίτερο αρχές Σεπτέμβρη. Στην Άνδρο, η περιοχή του Κορθίου στα νότια φημίζεται για την κοπανιστή της.

Φτιάχνεται από νωπό πρόβειο, αγελαδινό ή κατσικίσιο γάλα (σκέτο ή ανάμεικτο), χωρίς βράσιμο, σε θερμοκρασία 28°C περίπου, και πήζει με φυσική πυτιά. Τη στραγγίζουμε σε βαμβακερό πανί και την αφήνουμε να ωριμάζει στα κατώγια, ζυμώνοντάς τη συχνά με λίγο αλάτι για μερικούς μήνες. Αλλά και προσθέτοντας κανείς ένα κομμάτι κοπανιστή σε οποιοδήποτε μαλαχτό τυρί, φτιάχνει κοπανιστή όλο το χρόνο. Όσο περνάει ο καιρός, το χρώμα της βαθαίνει και η γεύση της γίνεται όλο και πιο πικάντικη: κοκκινωπή, αρέσει πια σε λίγους!*

Διατηρείται για πολύ καιρό σε κλειστά πήλινα ή γυάλινα βάζα σκεπασμένη με πανί ποτισμένο με τσίπουρο (παίρνει έτσι υγρασία και άρωμα). Τρώγεται σαν επιτραπέζιο τυρί και σαν μεζές για ούζο και κρασί. Θα τη βρείτε στα τοπικά καταστήματα.

Σαλάτα με κορθιανή κοπανιστή

ΥΛΙΚΑ

1 ΠΑΞΙΜΑΔΙ ΕΦΤΑΖΥΜΟ
2 ΝΤΟΜΑΤΕΣ ΚΟΚΚΙΝΕΣ (Ή ΚΑΙ ΠΡΑΣΙΝΕΣ)
½ ΑΓΓΟΥΡΙ
1 ΚΡΕΜΜΥΔΑΚΙ ΦΡΕΣΚΟ
2 ΚΟΥΤΑΛΙΕΣ ΤΗΣ ΣΟΥΠΑΣ ΚΟΠΑΝΙΣΤΗ
ΕΛΑΙΟΛΑΔΟ
ΑΛΑΤΙ

ΕΚΤΕΛΕΣΗ

- Πλένουμε τις ντομάτες, καθαρίζουμε το αγγούρι και το φρέσκο κρεμμυδάκι, και τα κόβουμε όλα μικρά κομμάτια. Τα βάζουμε σε μπολ.
- Βρέχουμε το παξιμάδι με λίγο νερό, το θρυμματίζουμε και το προσθέτουμε στο μπολ μαζί με την κοπανιστή, κι αυτή σε μικρά κομμάτια.
- Αλατίζουμε τη σαλάτα και την περιλούουμε με όσο ελαιόλαδο επιθυμούμε.

Η κάππαρη ή «ρόδον της Μεσογείου» είναι άγριο φυτό που το βλέπουμε να κρέμεται, με χαρακτηριστική λεπτότητα, από ξερά βράχια στο εσωτερικό του νησιού αλλά και πολύ συχνά δίπλα στη θάλασσα. Στο χωριό με το όνομα Καππαριά φυτρώνει άφθονη μέσα απ' τα ερείπια των σπιτιών και των μύλων.

Αρχές Ιουνίου θα δείτε πολλούς να ρισκάρουν την ισορροπία τους για να μαζέψουν τα κλειστά μπουμπούκια του φυτού, μαζί με λίγα τρυφερά φύλλα και «αγγουράκια», για να τα φτιάξουν τουρσί (με αλάτι και ξίδι) ή να τ' αποξηράνουν στον ήλιο.

Ντόπια κάππαρη θα βρείτε στα τοπικά καταστήματα από τον Ιούνιο ώσπου να εξαντληθεί το απόθεμα. Το χαρακτηριστικό της ανδριώτικης σε σχέση με την κάππαρη άλλων νησιών που έχουμε δοκιμάσει, είναι ότι είναι λιγότερο αλμυρή και έχει ήπια γεύση. Καταναλώνεται ως εκ τούτου σε μεγαλύτερες ποσότητες!

Προσπάθησα πολλές φορές να φυτέψω κάππαρη στον κήπο μου, κοντά σε πέτρες ή στο μαντρότοιχο. Οι σπόροι της όμως ακολουθούν επίμονα τις επιταγές της φύσης: η κάππαρη είναι αυτοφυής.

Σαλάτα με ντομάτα και κάππαρη

ΥΛΙΚΑ

2 ΝΤΟΜΑΤΕΣ ΜΕΤΡΙΕΣ
1 ΚΡΕΜΜΥΔΙ ΜΙΚΡΟ
1 ΠΙΠΕΡΙΑ ΠΡΑΣΙΝΗ
½ ΦΛΙΤΖΑΝΙ ΚΑΠΠΑΡΗ ΤΟΥΡΣΙ
150 ΓΡΑΜΜ. ΤΥΡΙ ΝΤΟΠΙΟ ΠΕΤΡΩΤΗ*
1 ΚΟΥΤΑΛΙΑ ΤΗΣ ΣΟΥΠΑΣ ΡΙΓΑΝΗ
3-4 ΚΟΥΤΑΛΙΕΣ ΤΗΣ ΣΟΥΠΑΣ ΕΛΑΙΟΛΑΔΟ
ΑΛΑΤΙ

ΕΚΤΕΛΕΣΗ

- Πλένουμε τις ντομάτες, τις κόβουμε μικρά κομμάτια και τις τοποθετούμε σε μπολ.
- Καθαρίζουμε και πλένουμε το κρεμμύδι και την πιπεριά, και τα κόβουμε όπως μας αρέσει.
- Τα αλατίζουμε και προσθέτουμε την κάππαρη, το τυρί σε μικρά κομμάτια, τη ρίγανη και το ελαιόλαδο.

Η ρόκα («εύζωμον» ή «επισπόριον») ήταν πάντα δημοφιλής στην Άνδρο, ανεξάρτητα από τη μόδα και την απανταχού παρουσία της τα τελευταία χρόνια σε μενού εστιατορίων και προθήκες σούπερ μάρκετ. Πιπεράτη, κεντρίζει τους υποδοχείς της γεύσης και δίνει ξεχωριστή αίσθηση στο πιάτο. Στα ανδριώτικα χοιροσφάγια, τα φύλλα της ρόκας σκέτα, φρεσκοκομμένα και καλοπλυμένα, συνοδεύουν απαραιτήτως τα πολλά και λιπαρά κρεατικά, καθώς πιστεύεται πως βοηθάει την πέψη διασπώντας τα λίπη.

Σαλάτα με ρόκα

ΥΛΙΚΑ

2 ΝΤΟΜΑΤΕΣ ΜΕΤΡΙΕΣ
1 ΠΙΠΕΡΙΑ ΜΙΚΡΗ
1 ΦΛΙΤΖΑΝΙ ΡΟΚΑ
1 ΚΡΕΜΜΥΔΑΚΙ ΦΡΕΣΚΟ
3-4 ΚΟΥΤΑΛΙΕΣ ΤΗΣ ΣΟΥΠΑΣ ΕΛΑΙΟΛΑΔΟ
ΑΛΑΤΙ

ΕΚΤΕΛΕΣΗ

- Πλένουμε τις ντομάτες και την πιπεριά και τις κόβουμε μικρά κομμάτια. Κόβουμε το κρεμμυδάκι ροδέλες.
- Πλένουμε πολύ καλά τη ρόκα και κόβουμε τα φύλλα της όπως μας αρέσει (χοντρά ή μικρότερα κομμάτια, με το χέρι ή με μαχαίρι).
- Τοποθετούμε όλα τα υλικά σε μπολ και προσθέτουμε το ελαιόλαδο και το αλάτι.

Η Ανδριώτισσα νοικοκυρά έχει τη φροντίδα της διατροφής της οικογένειας. Στο χωριό, μ' ένα βήμα βρίσκεται στον μπαξέ της και στήνει το καθημερινό φαγητό. Τα κολοκυθόπουλα γεμιστά, το μελιτζανάτο, οι πατάτες πλακί ή το λυράκι γιαχνί γεμίζουν την κατσαρόλα. Μια βόλτα μέχρι το κοτέτσι για τ' αυγά της ημέρας μαζί με λίγα κουκιά ή κολοκύθια και μια χεριά δυόσμο, και η φουρτάλια* είναι έτοιμη. Όταν βρεθεί στο βουνό, για να βάλει νερό στα ζωντανά που βόσκουν μόνα τους, θα μαζέψει και χόρτα για χορτοκεφτέδες.*

Η Χωραΐτισσα, πάλι, προγραμματίζει το μαγειρεμά της και φροντίζει να προμηθευτεί πρωί πρωί τα υλικά της. Ανάλογα με τη συνήθειά της, ή θα βγει στα μανάβικα της Αγοράς για να διαλέξει ζαρζαβατικά κι ό,τι άλλο χρειάζεται ή θα 'χει το νου της να περάσει ο πλανόδιος παραγωγός με το γαϊδουράκι του.

Τι μαγειρεύει λοιπόν; Ένα απ' τ' αγαπημένα φαγητά μικρών και μεγάλων είναι οι πατατοκεφτέδες. Εναλλακτική λύση για το μεσημεριανό, μαζί με δροσερές σαλάτες και λίγο τυρί. Αν διαλέξει μακαρονάδα, θα κατέβει στο πρατήριο του Νημποριού για τα ζυμαρικά της (βλ. σ. 44).

Αν πάλι ο δρόμος της νοικοκυράς τη φέρει στη θάλασσα ή κάποιος ψαράς ανέβει ώς τη βρύση του χωριού της, μπορεί να είναι τυχερή για λίγες γόπες, βραστόψαρα ή σαρδελίτσες. Τα ψάρια είναι έδεσμα που παρουσιάζεται Θεού θέλοντος και καιρού επιτρέποντος! Τα καλά διανέμονται συνήθως πόρτα πόρτα κι έτσι δύσκολα φτάνουν ώς την Αγορά! Το καθημερινό φαγητό, χειμώνα καλοκαίρι, απασχολεί και προβληματίζει τη νοικοκυρά της Χώρας και των χωριών. Μία είναι η ερώτηση προτού καν τελειώσει η μέρα: «Τι θα φάμε αύριο;»

ΚΑΘΗΜΕΡΙΝΑ ΠΙΑΤΑ

Τα άνθη της κολοκυθιάς και της λυριάς σ' όλη την Άνδρο λέγονται πουλιά* ή πουλάκια* (και κολοκυθόπουλα* ή λυρόπουλα*, αντίστοιχα). Για μαγείρεμα καλύτερα θεωρούνται αυτά που βγαίνουν σε μίσχο και όχι στην άκρη απ' το κολοκύθι ή το λυράκι*. Καλό είναι τα πουλιά να μαζεύονται πρωί πρωί, όταν είναι δροσάτα και ανοιχτά, ώστε να γεμίζονται πιο εύκολα.*

Με λίγη τύχη, τα πουλιά θα τα βρείτε τους καλοκαιρινούς μήνες, σε μικρά μπουκέτα 20-30 μαζί, στα τοπικά καταστήματα.

Άνθη κολοκυθιάς ή λυριάς γεμιστά

ΥΛΙΚΑ

- 30 ΑΝΘΗ ΚΟΛΟΚΥΘΙΑΣ Ή ΛΥΡΙΑΣ
- 2 ΦΛΙΤΖΑΝΙΑ ΡΥΖΙ ΤΥΠΟΥ ΚΑΡΟΛΙΝΑ
- 1 ΦΛΙΤΖΑΝΙ ΚΡΕΜΜΥΔΙ ΨΙΛΟΚΟΜΜΕΝΟ
- 1 ΦΛΙΤΖΑΝΙ ΚΑΡΟΤΟ ΞΥΣΜΕΝΟ
- ½ ΦΛΙΤΖΑΝΙ ΤΥΡΙ ΝΤΟΠΙΟ ΒΟΛΑΚΙ* ΤΡΙΜΜΕΝΟ
- 1 ΦΛΙΤΖΑΝΙ ΜΑΪΝΤΑΝΟ ΨΙΛΟΚΟΜΜΕΝΟ
- 1 ΚΟΥΤΑΛΑΚΙ ΤΟΥ ΓΛΥΚΟΥ ΑΝΗΘΟ ΨΙΛΟΚΟΜΜΕΝΟ
- 1 ΚΟΥΤΑΛΙΑ ΤΗΣ ΣΟΥΠΑΣ ΔΥΟΣΜΟ ΦΡΕΣΚΟ ΨΙΛΟΚΟΜΜΕΝΟ
- 1 ΦΛΙΤΖΑΝΙ ΝΤΟΜΑΤΕΣ ΦΡΕΣΚΕΣ ΞΕΦΛΟΥΔΙΣΜΕΝΕΣ ΚΑΙ ΨΙΛΟΚΟΜΜΕΝΕΣ
- ½ ΦΛΙΤΖΑΝΙ ΕΛΑΙΟΛΑΔΟ
- 4 ΦΛΙΤΖΑΝΙΑ ΝΕΡΟ ΧΛΙΑΡΟ
- 1 ΛΕΜΟΝΙ, ΤΟ ΧΥΜΟ (ΠΡΟΑΙΡΕΤΙΚΑ)
- ΑΛΑΤΙ ΚΑΙ ΠΙΠΕΡΙ

ΕΚΤΕΛΕΣΗ

- Ελέγχουμε το εσωτερικό κάθε άνθους και αφαιρούμε ό,τι μυρμηγκάκια ή άλλα ζωύφια υπάρχουν. Αφαιρούμε τους στήμονες από το κέντρο και πλένουμε ελαφρά τα άνθη.
- Σε κατσαρόλα ή βαθύ τηγάνι ζεσταίνουμε το ελαιόλαδο και ξανθαίνουμε το κρεμμύδι μαζί με το ρύζι. Κατεβάζουμε το σκεύος από τη φωτιά και προσθέτουμε τα υπόλοιπα υλικά: το καρότο, το μαϊντανό, τον άνηθο, το δυόσμο, την ντομάτα, το τυρί, αλάτι και πιπέρι.
- Ανοίγουμε ένα ένα τα άνθη προσέχοντας να μη σκιστούν και τα γεμίζουμε με το μείγμα χρησιμοποιώντας μικρό κουτάλι. Δεν τα γεμίζουμε ώς πάνω γιατί το ρύζι θα φουσκώσει στο μαγείρεμα. Τα κλείνουμε, διπλώνοντας προσεκτικά τις άκρες τους στο άνοιγμα.
- Τοποθετούμε τα άνθη σφιχτά το ένα δίπλα στ' άλλο σε σειρές μέσα στην κατσαρόλα, όρθια, με τον κόμπο προς τα κάτω. Όταν τελειώσουμε, τοποθετούμε πάνω τους ένα βαρύ πιάτο ώστε να μην ανοίξουν στο βράσιμο. Προσθέτουμε το ελαιόλαδο, το νερό και λίγο αλάτι. Τα βράζουμε σε μέτρια φωτιά 20 λεπτά περίπου, ώσπου να πιουν το νερό τους. Προς το τέλος, προσθέτουμε το χυμό λεμόνι, αν τα προτιμάμε ξινά. Τα σερβίρουμε χλιαρά ή κρύα.

Γεμιστά ή τηγανητά, αλμυρά ή γλυκά, τα κολοκυθόπουλα και τα λυρόπουλα* είναι χωρίς αμφιβολία από τις πιο αγαπημένες σπεσιαλιτέ του ανδριώτικου καλοκαιρινού τραπεζιού.*

Τα πουλιά παράγονται σε τέτοιες ποσότητες πάνω στις λυριές και τις κολοκυθιές που υποχρεώνουν τις νοικοκυρές να τα μαγειρεύουν κάθε τόσο και με διάφορους τρόπους. Όσα περισσεύουν, φυλάγονται στο φανάρι*, μακριά από τις νυχτερινές επιδρομές ζώων και εντόμων, για να φαγωθούν την άλλη μέρα.*

Άνθη κολοκυθιάς ή λυριάς τηγανητά

ΥΛΙΚΑ

12 ΑΝΘΗ ΚΟΛΟΚΥΘΙΑΣ Ή ΛΥΡΙΑΣ*

ΓΙΑ ΤΟ ΚΟΥΡΚΟΥΤΙ (ΣΟΥΓΛΗ*)

6 ΚΟΥΤΑΛΙΕΣ ΤΗΣ ΣΟΥΠΑΣ ΑΛΕΥΡΙ ΓΙΑ ΟΛΕΣ ΤΙΣ ΧΡΗΣΕΙΣ

6 ΚΟΥΤΑΛΙΕΣ ΤΗΣ ΣΟΥΠΑΣ ΝΕΡΟ

2 ΚΟΥΤΑΛΙΑ ΤΟΥ ΓΛΥΚΟΥ ΟΥΖΟ

ΜΙΑ ΠΡΕΖΑ ΑΛΑΤΙ

ΛΑΔΙ ΓΙΑ ΤΟ ΤΗΓΑΝΙΣΜΑ

ΕΚΤΕΛΕΣΗ

- Προετοιμάζουμε τα άνθη όπως περιγράφεται στη συνταγή «Άνθη κολοκυθιάς ή λυριάς γεμιστά» (σ. 33).
- Σε μπολ ετοιμάζουμε το κουρκούτι αναμειγνύοντας με πιρούνι το αλεύρι, το νερό, το ούζο και το αλάτι ώσπου να γίνει ένας ομοιόμορφος παχύς χυλός.
- Βυθίζουμε τα άνθη ένα ένα στο κουρκούτι. Τα τηγανίζουμε σε δυνατή φωτιά και από τις δύο πλευρές. Όταν πάρουν χρυσαφί χρώμα, τα ακουμπάμε σε χαρτί κουζίνας, ώστε να απορροφηθεί το περιττό λάδι.
- Σερβίρουμε τα άνθη (κατά προτίμηση ζεστά) σαν ορεκτικό με συνοδεία σκορδαλιάς.

ΠΑΡΑΛΛΑΓΕΣ

Μπορούμε επίσης να φτιάξουμε τα τηγανητά άνθη γεμιστά με τυρί ντόπιο (μαλαχτό* ή πετρωτή*), στο οποίο έχουμε προσθέσει φρέσκο ψιλοκομμένο δυόσμο. Το τηγάνισμα γίνεται με κουρκούτι, ακριβώς όπως παραπάνω.

Τέλος, τα τηγανητά άνθη σερβίρονται και σαν γλύκισμα: τα τηγανίζουμε όπως παραπάνω με κουρκούτι, τα περιχύνουμε με μέλι και τα πασπαλίζουμε (προαιρετικά) με κανέλα.

Οι αχινοί είναι μοναδικός θαλασσινός μεζές. Τους καλοκαιρινούς μήνες, πολλοί τους μαζεύουν μόνοι τους από βάρκα ή βουτώντας στο νερό, κοντά σε ξέρες και βραχάκια. Μία φορά το χρόνο, την Καθαρή Δευτέρα, τους μαζεύουν οι ψαράδες και τους πουλάνε σε μεγάλες ποσότητες. Τρώγονται πάντα ολόφρεσκοι, αμέσως μόλις βγουν από τη θάλασσα ή το πολύ λίγες ώρες αργότερα. Θα τους βρούμε μόνο όπου υπάρχουν καθαρά νερά. Όσοι γνωρίζουν, λένε ότι οι αχινοί είναι αυγωμένοι στο γέμισμα του φεγγαριού, και μάλιστα όχι όλοι αλλά όσοι έχουν επάνω τους ένα χορταράκι και το χρώμα τους παίρνει μια βαθυκόκκινη απόχρωση.

Υπάρχουν και οι φραγκαχινοί, μαύροι με μεγαλύτερα αγκάθια. Αυτοί δεν τρώγονται.*

Αχινοί με λεμόνι

ΥΛΙΚΑ

ΑΧΙΝΟΥΣ

ΛΕΜΟΝΙ, ΤΟ ΧΥΜΟ

ΕΛΑΙΟΛΑΔΟ (ΠΡΟΑΙΡΕΤΙΚΑ)

ΨΩΜΙ

ΕΚΤΕΛΕΣΗ

Τους αχινούς τους καθαρίζουμε από το πάνω μέρος, εκεί που βρίσκεται το στόμα τους. Τους κρατάμε στο ένα χέρι με εφημερίδα και με το άλλο, χρησιμοποιώντας μυτερό μαχαίρι ή ψαλίδι, ανοίγουμε μια αρκετά μεγάλη τρύπα. Αδειάζουμε το περιεχόμενο (ολόκληρο ή μόνο τα αυγά) σε μπολ προσέχοντας να μην πέσουν μαζί και σπασμένα αγκάθια. Προσθέτουμε χυμό λεμόνι και (προαιρετικά) ελαιόλαδο. Αλάτι δεν χρειάζεται, γιατί το θαλασσινό νερό που είναι κλεισμένο μέσα τους είναι αρκετό για νοστιμιά. Τρώγονται σαν σαλάτα ή ορεκτικό, με φρέσκο ψωμί – και την Καθαρή Δευτέρα με λαγάνα.

Στις καλοκαιρινές θαλασσινές εξορμήσεις μας, οι αχινοί δεν φτάνουν συνήθως ώς το σπίτι. Τους καθαρίζουμε και τους τρώμε επιτόπου με λεμόνι, στα βράχια, στην άμμο ή πάνω στη βάρκα. Εκεί αποκτούν άλλη διάσταση: το ελάχιστο γίνεται μέγιστο.

Οι κολλησάδες, παρά την όψη τους, δεν είναι φυτό· είναι η γνωστή θαλάσσια ανεμώνη, που ανήκει στην κατηγορία των ασπόνδυλων και τη βρίσκουμε κολλημένη σε βράχια. Τα πλοκάμια της, εφοδιασμένα με μια κολλώδη δηλητηριώδη ουσία, της επιτρέπουν να αιχμαλωτίζει την τροφή της (μικροοργανισμούς και ψαράκια). Το μόνο ψάρι φίλος της είναι το ψάρι-κλόουν, που εκκρίνει ένα υγρό και έτσι προστατεύεται από τα τσιμπήματά της. Το μεν ψάρι βρίσκει καταφύγιο στα πλοκάμια της, η δε ανεμώνη τροφή από τα ψάρια που προσελκύει ο φίλος της.*

Μικρή όταν ήμουν, δοκίμασα το τσίμπημά της μια φορά στο Κάστρο. Ένα παραπάτημα μ' έκανε να συρθώ πάνω στα βράχια και να νιώσω για τα καλά το δηλητήριό της. Από τότε έτρεμα στο άκουσμα «κολλησάδα». Ο πατέρας μου, για να με πειράξει, μου ανακοίνωνε πότε πότε μ' ένα ιδιαίτερο μειδίαμα ότι το φαγητό το μεσημέρι περιλαμβάνει κολλησάδες τηγανητές!

Κολλησάδες τηγανητές

ΥΛΙΚΑ

20 ΜΕΓΑΛΕΣ ΚΟΛΛΗΣΑΔΕΣ
ΑΛΑΤΙ

ΑΛΕΥΡΙ ΚΑΙ ΛΑΔΙ ΓΙΑ ΤΟ ΤΗΓΑΝΙΣΜΑ
1 ΛΕΜΟΝΙ, ΤΟ ΧΥΜΟ

ΕΚΤΕΛΕΣΗ

- Ξεκολλάμε από τα βράχια τις κολλησάδες με μακρύ και πλατύ μαχαίρι αποφεύγοντας να τις ακουμπήσουμε. Τις μεταφέρουμε μέσα σε μικρό δοχείο για να τις μαγειρέψουμε αμέσως.
- Πλένουμε καλά τις κολλησάδες με ζεστό νερό, τις αλατίζουμε και τις αλευρώνουμε μέσα σε μπολ με αλεύρι για τηγάνισμα. Τις μεταφέρουμε προσεκτικά σε τρυπητό και τις τινάζουμε ώστε να φύγει το περιττό αλεύρι.
- Αφού κάψει το λάδι, τις τηγανίζουμε σε δυνατή φωτιά. Τις γυρίζουμε με πιρούνι κι από τις δύο πλευρές να ροδοκοκκινίσουν, και τις ακουμπάμε σε απορροφητικό χαρτί.
- Τις βάζουμε σε πιατέλα και τις ραντίζουμε με το χυμό λεμόνι.

Το λυράκι μπορεί να μοιάζει με μεγάλο κολοκύθι, για τους Ανδριώτες όμως είναι το δικό τους, ασύγκριτο ζαρζαβατικό του καλοκαιριού.*

Οι λυριές (τα φυτά), όταν αρχίσουν να μεγαλώνουν, «τρέχουν» μέσα στο χωράφι κι απλώνονται σε μεγάλη έκταση. Ανάμεσα στα πυκνά φύλλα τους, βγαίνουν τα λυρόπουλα* (τα άνθη) και «δένουν» τα λυράκια (οι καρποί), που μεγαλώνουν γρήγορα αν ποτίζονται συχνά. Τα καλά λυράκια έχουν μακρύ λαιμό και μικρό σχετικά τύμπανο (κουπάκι*).*

Λυράκι βραστό με σκορδαλιά

ΥΛΙΚΑ

ΓΙΑ ΤΟ ΛΥΡΑΚΙ

1 ΜΕΓΑΛΟ ΛΥΡΑΚΙ (ΠΕΡΙΠΟΥ 1 ΚΙΛΟ)
ΑΛΑΤΙ

ΓΙΑ ΤΗ ΣΚΟΡΔΑΛΙΑ
(ΦΤΙΑΧΝΕΤΕ ½ ΦΛΙΤΖΑΝΙ)

4-5 ΣΚΕΛΙΔΕΣ ΣΚΟΡΔΟ
125 ΓΡΑΜΜ. ΨΙΧΑ ΤΡΙΜΜΕΝΗ ΑΠΟ ΨΩΜΙ ΑΣΠΡΟ ΜΠΑΓΙΑΤΙΚΟ
¼ ΦΛΙΤΖΑΝΙ ΞΙΔΙ
½ ΦΛΙΤΖΑΝΙ ΕΛΑΙΟΛΑΔΟ
1 ΚΟΥΤΑΛΙΑ ΤΗΣ ΣΟΥΠΑΣ ΧΥΜΟ ΛΕΜΟΝΙ
ΑΛΑΤΙ

ΕΚΤΕΛΕΣΗ

ΛΥΡΑΚΙ

- Κόβουμε το λυράκι μεγάλα κομμάτια και αφαιρούμε τους σπόρους.
- Βράζουμε μπόλικο νερό με αλάτι και προσθέτουμε στην κατσαρόλα το λυράκι. Ύστερα από 10 λεπτά περίπου το δοκιμάζουμε με πιρούνι. Είναι έτοιμο όταν το πιρούνι το τρυπάει.
- Με τρυπητή κουτάλα αφαιρούμε το λυράκι και το σερβίρουμε σε μπολ. Το συνοδεύουμε με τη σκορδαλιά.

ΣΚΟΡΔΑΛΙΑ

- Σε γουδί χτυπάμε το σκόρδο, το ψωμί, το ξίδι και το αλάτι.
- Σιγά σιγά προσθέτουμε το ελαιόλαδο και το χυμό λεμόνι.
- Ανακατεύουμε ώσπου το μείγμα να γίνει ομοιόμορφο.

Κατά τον Ιούνιο όλοι περιμένουν πώς και πώς να δούνε τα λυράκια στο μποστάνι τους ή να τα βρουν στην αγορά, και δεν ξέρουν πώς να τα πρωτομαγειρέψουν: βραστά, γιαχνί, με το κρέας ή φουρτάλια*.*

Το λυράκι γιαχνί είναι δροσερό νηστίσιμο πιάτο για όλους τους καλοκαιρινούς μήνες. Μπορεί να μείνει στην κατσαρόλα όλη μέρα χωρίς να χρειάζεται ψύξη.

Λυράκι γιαχνί

ΥΛΙΚΑ

1 ΛΥΡΑΚΙ ΜΕΤΡΙΟ (1 ΚΙΛΟ ΠΕΡΙΠΟΥ)

3-4 ΝΤΟΜΑΤΕΣ ΩΡΙΜΕΣ, ΞΕΦΛΟΥΔΙΣΜΕΝΕΣ ΚΑΙ ΨΙΛΟΚΟΜΜΕΝΕΣ

2 ΚΡΕΜΜΥΔΙΑ ΨΙΛΟΚΟΜΜΕΝΑ

1½ ΦΛΙΤΖΑΝΙ ΕΛΑΙΟΛΑΔΟ

1 ΦΛΙΤΖΑΝΑΚΙ ΤΟΥ ΚΑΦΕ ΚΟΚΚΙΝΟ ΚΡΑΣΙ

ΑΛΑΤΙ ΚΑΙ ΠΙΠΕΡΙ

ΕΚΤΕΛΕΣΗ

- Πλένουμε και καθαρίζουμε το λυράκι ξύνοντας ελαφρά τη φλούδα με μαχαίρι. Το κόβουμε χοντρά κομμάτια και αφαιρούμε τους σπόρους.
- Βάζουμε το ελαιόλαδο σε κατσαρόλα και το ζεσταίνουμε σε μέτρια φωτιά μαζί με το κρεμμύδι έως ότου το κρεμμύδι μαραθεί. Προσθέτουμε τα κομμάτια το λυράκι, τις ντομάτες, το αλάτι, το πιπέρι, το κρασί και 2-3 φλιτζάνια ζεστό νερό.
- Αφήνουμε να ψηθούν σκεπασμένα σε μέτρια φωτιά 45 λεπτά.
- Μπορούμε να το συνοδεύσουμε με άσπρο τυρί της αρεσκείας μας, μαλαχτό*, πετρωτή* ή φέτα.

Άμα το λυράκι δεν κοπεί στην ώρα του και μείνει πάνω στη λυριά*, μεγαλώνει πολύ, παίρνει χρυσοκίτρινο χρώμα και γλυκίζει στη γεύση. Γίνεται τότε η λεγόμενη λύρα*, η οποία σε σκοτεινό μέρος κρατάει ώς τα Χριστούγεννα. Η λύρα δίνει το σπόρο για την επόμενη χρονιά αλλά και μαγειρεύεται πολύ ωραία: τηγανητή, σούπα με λίγο τσίπουρο για τις κρύες βραδιές, ή σάλτσα για μακαρόνια. Φημίζεται για τις αντιοξειδωτικές ιδιότητές της.*

Τα μακαρόνια, ντόπια παραγωγή από τα «μακαρονάδικα» του νησιού, τα έβρισκε κανείς ώς το 1950 σε πρατήρια, τυλιγμένα σε μπλε χαρτί με την ετικέτα του εργοστασίου, σήμα κατατεθέν της ποιότητας του προϊόντος.

> *«Οι συμπολίται μας κ.κ. Ιω. Α. Καρυστινάκης δήμαρχος Ανδρείων και Ν. Κ. Εμπειρίκος ίδρυσαν εις το παρά την θέσιν «Νημποριό» μέγα Κατάστημα (πρώην βυρσοδεψείον) μέγα Εργοστάσιον Μακαρονοποιίας και Σαπωνοποιίας.*
>
> *Εν αυτώ κατασκευάζονται άριστα ζυμαρικά όλων των ειδών εξ αρίστου σίτου ρωσικού, του ενταύθα Κυλινδρομύλου, μετά μεγάλης καθαριότητος, και δι' αρίστων τεχνιτών...»*
>
> *εφ.* Η φωνή της Άνδρου, *11 Μαΐου 1914, αρ. φ. 620.*

Μακαρονάδα με λύρα ξυστή

ΥΛΙΚΑ

ΓΙΑ ΤΗ ΣΑΛΤΣΑ

½ ΚΙΛΟ ΛΥΡΑ
1 ΚΡΕΜΜΥΔΙ ΨΙΛΟΚΟΜΜΕΝΟ
1 ΜΕΓΑΛΗ ΣΚΕΛΙΔΑ ΣΚΟΡΔΟ ΣΕ ΡΟΔΕΛΕΣ
½ ΦΛΙΤΖΑΝΙ ΕΛΑΙΟΛΑΔΟ
ΑΛΑΤΙ ΚΑΙ ΠΙΠΕΡΙ

ΓΙΑ ΤΗ ΜΑΚΑΡΟΝΑΔΑ

½ ΚΙΛΟ ΜΑΚΑΡΟΝΙΑ No 5
ΑΛΑΤΙ
2 ΚΟΥΤΑΛΙΕΣ ΤΗΣ ΣΟΥΠΑΣ ΕΛΑΙΟΛΑΔΟ
ΤΥΡΙ ΤΡΙΜΜΕΝΟ (ΒΟΛΑΚΙ* ΝΤΟΠΙΟ Ή ΚΕΦΑΛΟΤΥΡΙ)
ΠΙΠΕΡΙ ΦΡΕΣΚΟΤΡΙΜΜΕΝΟ

ΕΚΤΕΛΕΣΗ

- Καθαρίζουμε με μαχαίρι το εξωτερικό της λύρας και την κόβουμε στα δύο. Την ξύνουμε στον τρίφτη από τις χοντρές εγκοπές.
- Ζεσταίνουμε το λάδι στο τηγάνι σε χαμηλή φωτιά και βάζουμε το κρεμμύδι να τσιγαριστεί. Προσθέτουμε το σκόρδο και την ξυσμένη λύρα. Σκεπάζουμε και αφήνουμε τη σάλτσα να σιγοψηθεί, ανακατεύοντας κάθε τόσο. Προσέχουμε να μη λιώσει η λύρα.
- Βράζουμε νερό με το ανάλογο αλάτι και ρίχνουμε τα μακαρόνια. Τ' αφήνουμε να βράσουν σε δυνατή φωτιά 10 λεπτά περίπου. Τα σουρώνουμε, τα σερβίρουμε σε πιατέλα και τους ρίχνουμε το ελαιόλαδο για να μην κολλήσουν.
- Περιχύνουμε τα μακαρόνια με τη σάλτσα και πασπαλίζουμε με τριμμένο τυρί της αρεσκείας μας.
- Σερβίρουμε με φρεσκοτριμμένο πιπέρι.

Πεταλίδες υπάρχουν άφθονες στα βράχια που τα λούζει η θάλασσα. Συνήθως τις μαζεύουν ερασιτέχνες ψαράδες ή παιδιά που τριγυρνούν και παίζουν κοντά στο νερό.

Πότε γύρω απ' το κάστρο της Χώρας, πότε στον Τούρλο του Νημποριού, στο ποταμάκι στα Γιάλια ή στην Αγία Αικατερίνη στο Γιαλό του Κορθίου, παρέες παρέες συνηθίζουν να καραβίζουν και συγχρόνως μαζεύουν πεταλίδες. Φροντίζουν να διαλέγουν τις πιο μεγάλες, με το περισσότερο «φαγητό». Το δύσκολο είναι να βγει η πρώτη. Μετά είναι θέμα αντοχής και πρωταθλητισμού. Για να τις ξεκολλήσουν απ' το βράχο, οι πιτσιρικάδες με τα ψαράδικα παντελονάκια χρησιμοποιούν το κέλυφος μιας άλλης πεταλίδας, κι έτσι γεμίζουν σιγά σιγά τα τενεκεδάκια τους. Αυτή είναι και η πρώτη τους ψαριά, που περήφανα τη φέρνουν σπίτι.*

Μακαρονάδα με πεταλίδες

ΥΛΙΚΑ

ΓΙΑ ΤΗ ΣΑΛΤΣΑ

- ½ ΚΙΛΟ ΠΕΤΑΛΙΔΕΣ
- ¼ ΦΛΙΤΖΑΝΙ ΕΛΑΙΟΛΑΔΟ
- ¼ ΦΛΙΤΖΑΝΙ ΒΟΥΤΥΡΟ ΦΡΕΣΚΟ
- 1 ΚΡΕΜΜΥΔΙ ΜΕΓΑΛΟ ΨΙΛΟΚΟΜΜΕΝΟ
- 2 ΣΚΕΛΙΔΕΣ ΣΚΟΡΔΟ ΣΕ ΡΟΔΕΛΕΣ (ΠΡΟΑΙΡΕΤΙΚΑ)
- 2 ΦΛΙΤΖΑΝΙΑ ΝΤΟΜΑΤΑ ΦΡΕΣΚΙΑ ΤΡΙΜΜΕΝΗ
- ¼ ΦΛΙΤΖΑΝΙ ΚΡΑΣΙ ΑΣΠΡΟ ΞΗΡΟ (ΠΡΟΑΙΡΕΤΙΚΑ)
- 4 ΦΛΙΤΖΑΝΙΑ ΝΕΡΟ ΧΛΙΑΡΟ
- ΛΙΓΟ ΑΛΑΤΙ
- ΠΙΠΕΡΙ

ΓΙΑ ΤΗ ΜΑΚΑΡΟΝΑΔΑ

- 1 ΠΑΚΕΤΟ ΜΑΚΑΡΟΝΙΑ Νο 6
- ΑΛΑΤΙ
- ΒΟΥΤΥΡΟ ΦΡΕΣΚΟ
- 10-12 ΦΥΛΛΑ ΜΑΪΝΤΑΝΟ ΨΙΛΟΚΟΜΜΕΝΟ ΓΙΑ ΤΟ ΓΑΡΝΙΡΙΣΜΑ
- ΠΙΠΕΡΙ ΦΡΕΣΚΟΤΡΙΜΜΕΝΟ

ΕΚΤΕΛΕΣΗ

- Αφήνουμε τις πεταλίδες ολόκληρες μέσα σε τρυπητό πάνω σε ανοιχτή κατσαρόλα με αλατισμένο βραστό νερό 15 λεπτά ή έως ότου το «φαγητό» τους αρχίσει να ξεκολλά εύκολα από το κέλυφος.
- Αφαιρούμε το «φαγητό» με μαχαιράκι, τις βάζουμε πάλι σε τρυπητό και τις ξεπλένουμε με χλιαρό νερό για να φύγει τυχόν άμμος. Τις αφήνουμε να στραγγίσουν.
- Ζεσταίνουμε το βούτυρο μαζί με το ελαιόλαδο σε κατσαρόλα και προσθέτουμε το κρεμμύδι και (προαιρετικά) το σκόρδο. Όταν πάρουν χρυσαφί χρώμα, προσθέτουμε τις πεταλίδες και ανακατεύουμε λίγα λεπτά.
- Προσθέτουμε το χλιαρό νερό, λίγο αλάτι και πιπέρι. Σκεπάζουμε και αφήνουμε να βράσουν σε χαμηλή φωτιά μισή ώρα.
- Προσθέτουμε την ντομάτα και συνεχίζουμε το βράσιμο 10 λεπτά. Στο τέλος, εάν επιθυμούμε, ρίχνουμε το κρασί.
- Βράζουμε τα μακαρόνια με λίγο αλάτι, τα στραγγίζουμε, τα βουτυρώνουμε και τα σερβίρουμε σε πιατέλα.
- Περιχύνουμε τα μακαρόνια με τη σάλτσα κι ανακατεύουμε. Γαρνίρουμε με ψιλοκομμένο μαϊντανό.
- Σερβίρουμε με φρεσκοτριμμένο πιπέρι.

Οι πατατοκεφτέδες είναι πάντα στην κουμπάνια που παίρνουν οι νοικοκυρές στη θάλασσα, στην εκδρομή ή στο μακρινό ξωκκλήσι όπου πηγαίνουν ν' ανάψουν τα καντήλια. Δεν χαλάνε εύκολα και σε κρατάνε ώσπου να έρθει η ώρα του βραδινού. Γευστικό και απλό φαγητό που οφείλει τη νοστιμάδα του στα μυρωδικά του νησιού.*

Πατατοκεφτέδες

ΥΛΙΚΑ

1 ΚΙΛΟ ΠΑΤΑΤΕΣ
1 ΦΛΙΤΖΑΝΙ ΚΕΦΑΛΟΤΥΡΙ ΤΡΙΜΜΕΝΟ
3 ΑΥΓΑ
1 ΚΟΥΤΑΛΙΑ ΤΗΣ ΣΟΥΠΑΣ ΡΙΓΑΝΗ
1 ΚΟΥΤΑΛΙΑ ΤΗΣ ΣΟΥΠΑΣ ΜΑΝΤΖΟΥΡΑΝΑ
ΑΛΑΤΙ
ΛΙΓΟ ΑΣΠΡΟ ΠΙΠΕΡΙ

ΑΛΕΥΡΙ ΚΑΙ ΛΑΔΙ ΓΙΑ ΤΟ ΤΗΓΑΝΙΣΜΑ

ΕΚΤΕΛΕΣΗ

- Βράζουμε τις πατάτες με τη φλούδα. Προτού κρυώσουν, τις ξεφλουδίζουμε και τις περνάμε από τη μηχανή του πουρέ (ή από μπλέντερ).
- Χτυπάμε ελαφρά τα αυγά σε μπολ. Προσθέτουμε τις πατάτες, το τυρί και τα υπόλοιπα υλικά. Ανακατεύουμε καλά ώστε να γίνουν ομοιόμορφο μείγμα.
- Αφήνουμε το μείγμα σκεπασμένο σε δροσερό μέρος μία ώρα περίπου για να σφίξει.
- Πλάθουμε το μείγμα σε κεφτέδες στρογγυλούς ή/και μακρόστενους. Τους αλευρώνουμε και τους τηγανίζουμε σε μέτρια φωτιά. Τους γυρίζουμε προσεκτικά με δύο πιρούνια χωρίς να τους τρυπήσουμε. Όταν ψηθούν και από τις δύο πλευρές, τους τοποθετούμε πρώτα πάνω σε χαρτί κουζίνας, για να απορροφηθεί το παραπανίσιο λάδι, και μετά τους σερβίρουμε σε μεγάλο πιάτο. Τρώγονται ζεστοί και –αν περισσέψουν!– κρύοι.

Η πηχτή είναι τρόπος μαγειρέματος κρεάτων (βλ. συνταγή «Ζηλαδιά», σ. 73) και ψαριών για τη συντήρησή τους. Η παρακάτω συνταγή μοιάζει με το ιταλικό brodetto και τη βρίσκουμε σε μέρη της Ελλάδας όπου υπήρχε παρουσία Ενετών. Οι Ανδριώτες, ερχόμενοι σ' επαφή μαζί τους, υιοθέτησαν διατροφικές συνήθειες μέσα από την ώσμωση που μοιραία συμβαίνει όταν έρχονται σ' επαφή δύο διαφορετικοί κόσμοι.

Πηχτή ψαριών

ΥΛΙΚΑ

- 1 ΚΙΛΟ ΨΑΡΙΑ, ΚΑΤΑ ΠΡΟΤΙΜΗΣΗ ΣΑΛΠΕΣ ΚΑΙ ΣΑΦΡΙΔΙΑ
- 1 ΦΛΙΤΖΑΝΙ ΝΕΡΟ
- 3 ΚΡΕΜΜΥΔΙΑ ΜΕΓΑΛΑ ΨΙΛΟΚΟΜΜΕΝΑ
- ΛΙΓΑ ΦΥΛΛΑ ΣΕΛΙΝΟ ΨΙΛΟΚΟΜΜΕΝΟ
- 1 ΦΛΙΤΖΑΝΙ ΕΛΑΙΟΛΑΔΟ
- ½ ΦΛΙΤΖΑΝΙ ΧΥΜΟ ΛΕΜΟΝΙ
- ΑΛΑΤΙ ΚΑΙ ΠΙΠΕΡΙ

ΕΚΤΕΛΕΣΗ

- Καθαρίζουμε, πλένουμε, αλατίζουμε και πιπερώνουμε τα ψάρια.
- Ζεσταίνουμε ελαφρά το ελαιόλαδο σε κατσαρόλα και προσθέτουμε τα κρεμμύδια. Τ' αφήνουμε να μαραθούν.
- Τοποθετούμε τα ψάρια πάνω στα κρεμμύδια και προσθέτουμε το σέλινο, το χυμό λεμόνι και το νερό. Τα σκεπάζουμε και τ' αφήνουμε να βράσουν σε δυνατή φωτιά 5 λεπτά. Στη συνέχεια χαμηλώνουμε τη φωτιά και τ' αφήνουμε να σιγοβράσουν 15 λεπτά ακόμη.
- Ελέγχουμε αν τα ψάρια έχουν ψηθεί τρυπώντας τα ελαφρά με πιρούνι. Όταν είναι έτοιμα, τα τοποθετούμε σε πιατέλα.
- Σουρώνουμε το ζουμί.
- Καθαρίζουμε προσεκτικά τα ψάρια από τα κόκαλα, βάζουμε τα κομμάτια σε πιατέλα και τα περιχύνουμε με το ζουμί τους.
- Αφήνουμε την πιατέλα σε δροσερό μέρος ώστε να πήξει το ζουμί με τη φυσική πηκτίνη των ψαριών. Μπορούμε να τα καταναλώσουμε ύστερα από δύο ώρες περίπου αλλά και την άλλη μέρα, άφοβα, χωρίς να χρειάζονται ψύξη.

Τα προβάσια είναι άγρια χόρτα που τα βρίσκουμε τους μήνες Φλεβάρη, Μάρτη και Απρίλη σε μέρη που τα χαϊδεύει η αλμύρα της θάλασσας. Από το Ζαγανιάρη ώς τη Σταυροπέδα κι απ' το μοναστήρι του Αϊ-Νικόλα ώς τ' Άχλα σίγουρα υπάρχουν προβάσια. Κάθε παρέα και κάθε χορταρού έχει βέβαια τον τόπο της, εκεί όπου με σιγουριά βρίσκει αυτό που ψάχνει...*

Η θαλασσινή αύρα δίνει στα προβάσια τη μοναδική γεύση τους. Όταν μαγειρευτούν, θαρρείς πως έχεις στο τραπέζι σου όλα τα μυρωδικά της φύσης! Ένα πιάτο προβάσια βραστά με μπόλικο λεμόνι και πατάτες τηγανητές στη γλίνα, είναι μία από τις παιδικές μου αναμνήσεις στο χωριό με τη γιαγιά μου την Αννεζιώ.*

Προβάσια με ρύζι

ΥΛΙΚΑ

- 1 ΚΙΛΟ ΠΡΟΒΑΣΙΑ
- 1 ΦΛΙΤΖΑΝΙ ΚΡΕΜΜΥΔΙΑ ΨΙΛΟΚΟΜΜΕΝΑ
- ½ ΦΛΙΤΖΑΝΙ ΕΛΑΙΟΛΑΔΟ
- 2 ΦΛΙΤΖΑΝΙΑ ΡΥΖΙ ΓΙΑ ΠΙΛΑΦΙ
- 5 ΦΛΙΤΖΑΝΙΑ ΝΕΡΟ ΧΛΙΑΡΟ
- ½ ΦΛΙΤΖΑΝΙ ΧΥΜΟ ΛΕΜΟΝΙ
- ΑΛΑΤΙ ΚΑΙ ΠΙΠΕΡΙ

ΕΚΤΕΛΕΣΗ

- Καθαρίζουμε τα χόρτα και τα πλένουμε πολύ καλά.
- Καθαρίζουμε και ψιλοκόβουμε τα κρεμμύδια. Σε κατσαρόλα ζεσταίνουμε λίγο ελαιόλαδο σε μέτρια φωτιά και τσιγαρίζουμε τα κρεμμύδια μαζί με το ρύζι λίγα λεπτά.
- Προσθέτουμε το νερό και τ' αφήνουμε να βράσουν σκεπασμένα 5 λεπτά. Ρίχνουμε τα χόρτα, το ελαιόλαδο και το αλάτι. Τ' αφήνουμε να μαγειρευτούν σκεπασμένα όλα μαζί 15 λεπτά ακόμη, σε χαμηλή φωτιά. Στο τέλος ρίχνουμε το χυμό λεμόνι.
- Κατεβάζουμε από τη φωτιά και αφήνουμε την κατσαρόλα σκεπασμένη με καθαρή πετσέτα 10 λεπτά. Λίγο φρεσκοτριμμένο πιπέρι, και το πιάτο μας είναι έτοιμο. Τρώγεται και κρύο.

Ζυμωτά με γέμιση από σίσιρα ή/και ντόπιο τυρί, καλό κολατσιό για όσους δουλεύουν στα χωράφια, στο μάζεμα της ελιάς ή στο χτίσιμο παραβολής*.*

Η σισιρόπιτα είναι και καλό τραταμέντο για το τσάι: τα κρύα βράδια στα χωριά οι άνθρωποι μαζεύονται γύρω απ' το μαγκάλι. Βράζουν νερό στη χόβολη και ψήνουν μυρωδάτο τσάι, που το φέρνουν οι ναυτικοί απ' τα μακρινά ταξίδια τους.*

Το τσάι το συνοδεύουν με φρυγανισμένο ψωμί, σκέτο ή αλειμμένο με γλίνα, κι ένα κομμάτι σισιρόπιτα.*

Συνδυασμός της σισιρόπιτας και της φτενούλας είναι ο μπρούστουλας*, πίτα από αλεσμένο καλαμοσίταρο, γλίνα και συγκάθουρα* από σίσιρα, μαζί με ντόπιο τυρί, μαλαχτό* ή πετρωτή*.*

Από τα τρία αυτά ζυμωτά σήμερα φτιάχνεται η σισιρόπιτα, κυρίως στα χωριά.

Σισιρόπιτα και φτενούλα

ΥΛΙΚΑ

ΓΙΑ ΤΟ ΖΥΜΑΡΙ

- 1 ΚΙΛΟ ΑΛΕΥΡΙ ΓΙΑ ΖΥΜΩΤΟ ΨΩΜΙ
- 20 ΓΡΑΜΜ. ΞΗΡΗ ΜΑΓΙΑ
- 2½ ΦΛΙΤΖΑΝΙΑ ΝΕΡΟ ΧΛΙΑΡΟ
- 1½ ΚΟΥΤΑΛΙΑ ΤΗΣ ΣΟΥΠΑΣ ΖΑΧΑΡΗ
- 3 ΚΟΥΤΑΛΑΚΙΑ ΤΟΥ ΓΛΥΚΟΥ ΑΛΑΤΙ
- 2 ΚΟΥΤΑΛΙΕΣ ΤΗΣ ΣΟΥΠΑΣ ΕΛΑΙΟΛΑΔΟ

ΓΙΑ ΤΗ ΓΕΜΙΣΗ ΤΗΣ ΣΙΣΙΡΟΠΙΤΑΣ

- 2 ΦΛΙΤΖΑΝΙΑ ΣΙΣΙΡΑ
- 2 ΛΟΥΚΑΝΙΚΑ ΝΤΟΠΙΑ

ΓΙΑ ΤΗ ΓΕΜΙΣΗ ΤΗΣ ΦΤΕΝΟΥΛΑΣ

- 2 ΦΛΙΤΖΑΝΙΑ ΤΥΡΙ ΝΤΟΠΙΟ (ΜΑΛΑΧΤΟ* Ή ΠΕΤΡΩΤΗ*)

ΕΚΤΕΛΕΣΗ

- Ανακατεύουμε το αλεύρι με τη μαγιά σε λεκάνη.
- Σε μικρή κατσαρόλα ανακατεύουμε το νερό, τη ζάχαρη, το αλάτι και το ελαιόλαδο, και τα ζεσταίνουμε σε χαμηλή φωτιά. Δοκιμάζουμε το διάλυμα με το δάχτυλο, να είναι περίπου σε θερμοκρασία σώματος.
- Σιγά σιγά αδειάζουμε το διάλυμα στη λεκάνη με το αλεύρι και ανακατεύουμε με το χέρι. Μόλις το αλεύρι απορροφήσει το υγρό, αρχίζουμε το ζύμωμα. Με τα δύο μας χέρια ζυμώνουμε μισή ώρα περίπου, ώσπου το ζυμάρι να γίνει λείο και μαλακό. Το χωρίζουμε σε δύο ίσα μέρη για να φτιάξουμε με το ένα σισιρόπιτα και με το άλλο φτενούλα.
- Πασπαλίζουμε μια καθαρή ξύλινη επιφάνεια με αλεύρι και ανοίγουμε επάνω τα δύο κομμάτια ζυμάρι.

ΓΙΑ ΤΗ ΣΙΣΙΡΟΠΙΤΑ

Τοποθετούμε τα σίσιρα και τα λουκάνικα κομμένα ροδέλες στο κέντρο από το ζυμάρι. Το διπλώνουμε και του δίνουμε το σχήμα που προτιμάμε, στρογγυλό ή μακρόστενο.

ΓΙΑ ΤΗ ΦΤΕΝΟΥΛΑ

Τοποθετούμε το τυρί σε κομμάτια στη μέση από το ζυμάρι, το διπλώνουμε και του δίνουμε το σχήμα που επιθυμούμε, στρογγυλό ή μακρόστενο.

- Σε μεγάλο ταψί απλώνουμε αντικολλητικό χαρτί. Τοποθετούμε τα δύο ζυμάρια και τα σκεπάζουμε με βρεγμένη λινή πετσέτα για να μην κάνουν κρούστα στην επιφάνεια.
- Τα αφήνουμε σκεπασμένα σε ζεστό μέρος 45 λεπτά περίπου, ώσπου να διπλασιαστούν σε όγκο.
- Προθερμαίνουμε το φούρνο στους 200°C και ψήνουμε μία ώρα.
- Στη μισή ώρα βάζουμε ένα κομμάτι αλουμινόχαρτο πάνω από τα ζυμωτά μας μέσα στο φούρνο ώστε να έχουν στο τέλος ωραίο ξανθό χρώμα.

Faba στα λατινικά λέγεται το κουκί. Η φάβα φτιάχνεται από διάφορα όσπρια, με πιο ονομαστή τη σαντορινιά από τα σπέρματα του φυτού λαθούρι. Με την ξεχωριστή γεύση και το άρωμά της είναι αγαπημένο πιάτο του καλοκαιριού. Στην Άνδρο έφτιαχναν φάβα από τα κουκιά της ντόπιας παραγωγής. Διαβάζουμε στο Ανδριακόν Ημερολόγιον του 1926: «εκ των οσπρίων ων η παραγωγή πλησιάζει τας 200.000 οκάδας, οι φασίολοι και οι κύαμοι κατέχουσι την πρώτην θέσιν».

Φάβα

ΥΛΙΚΑ

- 3 ΦΛΙΤΖΑΝΙΑ ΚΟΥΚΙΑ ΦΡΕΣΚΑ (ΤΑ ΣΠΕΡΜΑΤΑ)
- 6 ΦΛΙΤΖΑΝΙΑ ΝΕΡΟ ΚΡΥΟ
- 1 ΜΕΤΡΙΟ ΚΡΕΜΜΥΔΙ
- 2 ΚΑΡΟΤΑ
- 3 ΚΟΥΤΑΛΙΕΣ ΤΗΣ ΣΟΥΠΑΣ ΕΛΑΙΟΛΑΔΟ
- ΑΛΑΤΙ

ΓΙΑ ΤΟ ΣΕΡΒΙΡΙΣΜΑ

- ΕΛΑΙΟΛΑΔΟ
- ΞΙΔΙ Ή ΧΥΜΟ ΛΕΜΟΝΙ
- ΚΡΕΜΜΥΔΙ ΣΠΑΣΤΟ Ή ΡΟΔΕΛΕΣ

ΕΚΤΕΛΕΣΗ

- Βράζουμε το νερό σε κατσαρόλα και προσθέτουμε τα κουκιά, το κρεμμύδι, τα καρότα ολόκληρα και το αλάτι. Συνεχίζουμε το βρασμό σε μέτρια φωτιά ώσπου να πιουν το νερό τους.
- Αφαιρούμε το κρεμμύδι και ξεφλουδίζουμε τα κουκιά. Λιώνουμε τα υπόλοιπα στο γουδί (ή στο μπλέντερ) να γίνουν πουρές.
- Προσθέτουμε το ελαιόλαδο και ανακατεύουμε.
- Σερβίρουμε τη φάβα χλιαρή ή κρύα σε πιατέλα, αφού της προσθέσουμε κι άλλο ελαιόλαδο και ξίδι ή χυμό λεμόνι, και τη γαρνίρουμε με το κρεμμύδι.

Οι χορτοκεφτέδες ή χορταροκεφτέδες γίνονται με διάφορα άγρια χόρτα (προσοχή: όχι πικρά!), που βγαίνουν άφθονα χειμώνα και άνοιξη στην Άνδρο.

Η εξόρμηση με κατάλληλα μαχαίρια και σακούλες σε «χορταρότοπους», κοντινούς ή και πιο μακρινούς, συνδυάζει το τερπνόν μετά του ωφελίμου: σωματική άσκηση και καθαρό αέρα (ιδιαίτερα ύστερα από βροχή), κοινωνική συναναστροφή και, πάνω απ' όλα, κάτι νόστιμο και υγιεινό για το τραπέζι όλων.

Τα χόρτα που χρησιμοποιούμε για τους χορτοκεφτέδες είναι οι κουσουνάδες (το άνθος τους η γνωστή παπαρούνα), το τριφύλλι, οι αλωνίδες* (το «μάννα» της Βίβλου) και το λάπαθο, καθένα από τα οποία συνεισφέρει σ' έναν σοφό συνδυασμό. Το τριφύλλι δίνει την όξινη και αλμυρή γεύση, η αλωνίδα το άμυλο. Το μπουμπούκι της αλωνίδας έχει κολλώδη υφή και βοηθάει το μείγμα μας να σμίξει. Εάν δεν τα βρούμε αυτά, τα αντικαθιστούμε με σπανάκι και σέσκουλα.*

Χορτοκεφτέδες

ΥΛΙΚΑ

1 ΚΙΛΟ ΧΟΡΤΑ ΑΓΡΙΑ (ΚΟΥΣΟΥΝΑΔΕΣ, ΤΡΙΦΥΛΛΙ, ΑΛΩΝΙΔΕΣ, ΛΑΠΑΘΟ)

2 ΚΟΥΤΑΛΙΕΣ ΤΗΣ ΣΟΥΠΑΣ ΕΛΑΙΟΛΑΔΟ

2 ΚΟΥΤΑΛΙΕΣ ΤΗΣ ΣΟΥΠΑΣ ΦΡΥΓΑΝΙΑ ΤΡΙΜΜΕΝΗ

4 ΑΥΓΑ

1 ΦΛΙΤΖΑΝΙ ΤΥΡΙ ΤΡΙΜΜΕΝΟ (ΒΟΛΑΚΙ* ΝΤΟΠΙΟ Ή ΚΕΦΑΛΟΤΥΡΙ)

1 ΚΡΕΜΜΥΔΙ ΜΕΤΡΙΟ ΨΙΛΟΚΟΜΜΕΝΟ

1 ΚΟΥΤΑΛΑΚΙ ΤΟΥ ΓΛΥΚΟΥ ΦΡΕΣΚΟ ΔΥΟΣΜΟ ΨΙΛΟΚΟΜΜΕΝΟ

ΑΛΑΤΙ ΚΑΙ ΠΙΠΕΡΙ

ΑΛΕΥΡΙ ΚΑΙ ΛΑΔΙ ΓΙΑ ΤΟ ΤΗΓΑΝΙΣΜΑ

ΕΚΤΕΛΕΣΗ

- Αφού καθαρίσουμε τα χόρτα (ή το σπανάκι και τα σέσκουλα) και τα πλύνουμε καλά, τα τρίβουμε με τα χέρια μας μέσα σε μπολ έως ότου μαραθούν.
- Ζεσταίνουμε το ελαιόλαδο σε τηγάνι και ξανθαίνουμε το κρεμμύδι. Προσθέτουμε το κρεμμύδι στο μπολ με τα χόρτα, και συνεχίζουμε με τα υπόλοιπα υλικά (το τυρί, τη φρυγανιά, τα αυγά ελαφρά χτυπημένα, το δυόσμο, αλάτι και πιπέρι). Ανακατεύουμε καλά και τοποθετούμε το μείγμα σε δροσερό μέρος για μία ώρα περίπου.
- Στη συνέχεια πλάθουμε το μείγμα σε κεφτέδες. Τους αλευρώνουμε και τους τηγανίζουμε με το λάδι σε μέτρια φωτιά.
- Όταν ψηθούν, τους μεταφέρουμε προσεκτικά με πιρούνι πάνω σε χαρτί κουζίνας για να απορροφηθεί το περιττό λάδι.
- Τους σερβίρουμε σε πιατέλα και τους τρώμε κατά προτίμηση χλιαρούς ή κρύους ώστε να χαρούμε περισσότερο τις μυρωδιές και τις γεύσεις της ποικιλίας των χόρτων.

Το μαρινάρισμα των ψαριών, με το ξίδι, το σκόρδο και το δεντρολίβανο, βοηθάει στη συντήρησή τους. Όπως ξέρουμε, τα ψάρια είναι τροφή ευαίσθητη και χαλάει εύκολα. Τον τρόπο αυτό μαγειρέματος τον συνήθιζαν πολύ την εποχή που δεν υπήρχαν ψυγεία.

Ιδανικό έδεσμα για εκδρομές και ταξίδια. Μια βόλτα με το καΐκι, ένα προσκύνημα σε μακρινό ξωκλήσι ή το πολύωρο ταξίδι από την Άνδρο στον Πειραιά μέσω Σύρας, συνοδευόταν πάντα από τις κατάλληλες κουμπάνιες, απ' τις οποίες συνήθως δεν έλειπαν και λίγες γόπες ή μπαρμπούνια στη μαρινάδα.*

> *«Η καλοκαιρία ευνόησε μερικούς των Στενιωτών και διά λέμβου από τα Γιάλια πνοίχθησαν εις το πέλαγος προς αλιείαν, αλλά ο καιρός εν τω μεταξύ εχάλασε και εκινδύνευσαν εις την επιστροφήν χωρίς να είναι ευχαριστημένοι από τα αλιευθέντα ολίγα μικρά ψάρια.»*
>
> *εφ.* Ανδριώτης, *13 Ιαν. 1927, αρ. φ. 15.*

Ψάρια μαρινάτα

ΥΛΙΚΑ

1 ΚΙΛΟ ΨΑΡΙΑ (ΚΑΤΑ ΠΡΟΤΙΜΗΣΗ ΓΟΠΕΣ Ή ΜΠΑΡΜΠΟΥΝΙΑ)

ΓΙΑ ΤΗ ΜΑΡΙΝΑΔΑ

4-5 ΚΟΥΤΑΛΙΕΣ ΤΗΣ ΣΟΥΠΑΣ ΑΛΕΥΡΙ
1 ΦΛΙΤΖΑΝΙ ΝΕΡΟ
½ ΦΛΙΤΖΑΝΙ ΞΙΔΙ
1 ΚΟΥΤΑΛΙΑ ΤΗΣ ΣΟΥΠΑΣ ΝΤΟΜΑΤΟΠΕΛΤΕ
1 ΚΟΥΤΑΛΙΑ ΤΗΣ ΣΟΥΠΑΣ ΖΑΧΑΡΗ
1 ΛΕΜΟΝΙ, ΤΟ ΧΥΜΟ
1 ΚΛΩΝΑΡΙ ΔΕΝΤΡΟΛΙΒΑΝΟ
1 ΣΚΕΛΙΔΑ ΣΚΟΡΔΟ ΣΕ ΡΟΔΕΛΕΣ
ΑΛΑΤΙ ΚΑΙ ΠΙΠΕΡΙ

ΑΛΕΥΡΙ ΚΑΙ ΛΑΔΙ ΓΙΑ ΤΟ ΤΗΓΑΝΙΣΜΑ

ΕΚΤΕΛΕΣΗ

- Καθαρίζουμε και πλένουμε τα ψάρια. Τα αλατίζουμε, τα αλευρώνουμε και τα τινάζουμε για να πέσει το πολύ αλεύρι και να μη μαυρίσει το λάδι. Χρησιμοποιούμε βαθύ τηγάνι με μπόλικο λάδι. Τα τηγανίζουμε σε δυνατή φωτιά.
- Βάζουμε τα τηγανισμένα ψάρια σε πήλινη πιατέλα και συνεχίζουμε με τη σάλτσα.
- Σουρώνουμε το λάδι από τα ψάρια και το μεταφέρουμε σε καθαρό τηγάνι. Προσθέτουμε το αλεύρι και ανακατεύουμε με ξύλινη κουτάλα σε μέτρια φωτιά ώσπου το μείγμα να γίνει ομοιόμορφο και να πάρει καστανό χρώμα.
- Ρίχνουμε το νερό, το ξίδι, τον πελτέ, τη ζάχαρη, το χυμό λεμόνι και το σκόρδο. Τέλος, το κλωνάρι το δεντρολίβανο, κατά προτίμηση τυλιγμένο σε γάζα ή τουλπάνι, για να μη σκορπίσουν τα λεπτά φύλλα του.
- Αφήνουμε τη σάλτσα σε μέτρια φωτιά 10 λεπτά και προσθέτουμε αλάτι και πιπέρι.
- Μόλις αρχίσει να δένει, προσθέτουμε τα ψάρια και τ' αφήνουμε να πάρουν δυο τρεις βράσεις όλα μαζί.
- Στη συνέχεια, τα βάζουμε πάλι στην πήλινη πιατέλα και τα περιλούουμε με τη σάλτσα.
- Τα αφήνουμε σε μέρος δροσερό για να πήξει η σάλτσα.
- Τα μαρινάτα ψάρια διατηρούνται χωρίς ψύξη δύο ή τρεις μέρες.

Φουρτάλιες

Η φουρτάλια (από τη βενετική λέξη fortagia = ομελέτα) είναι ίσως το πιο χαρακτηριστικό φαγητό του νησιού. Ένας «ξένος» (οποιοσδήποτε μη Ανδριώτης) θα έλεγε πως πρόκειται απλώς για μια πλούσια ομελέτα, για τους ντόπιους όμως είναι το ιδανικό έδεσμα για το καθημερινό και το επίσημο τραπέζι. Στα μεγάλα γεύματα σερβίρεται τελευταία. Ευφραίνει τους συνδαιτυμόνες με το συνδυασμό αυγών και πατάτας ή εποχιακών λαχανικών μαγειρεμένων στη γλίνα*, το μυρωδάτο χοιρινό λίπος που φτιάχνεται στα χοιροσφάγια*. Για τους φανατικούς, φουρτάλια χωρίς γλίνα δεν υπάρχει.*

Συνοδεύεται από τα ντόπια καπνιστά λουκάνικα και της ταιριάζει το κόκκινο ντόπιο κρασί, μπρούσκο ή ημίγλυκο. Οι παραλλαγές της πολλές, ανάλογα με την εποχή και τα διαθέσιμα υλικά (κολοκύθια, λυράκια, κουκιά, σπαράγγια κ.ά.). Βασίλισσα όλων είναι η πατατοφουρτάλια, συχνά η καλύτερη απάντηση στο «Τι θα φάμε;» της οικογένειας, και μάλιστα όλο το χρόνο.*

Τι πιο εύκολο κι εύγευστο φαγητό από πατάτες, αυγά και λουκάνικα! Οι Ανδριώτες έδωσαν στο συνδυασμό αυτό επίσημο χαρακτήρα κι έφτιαξαν την πατατοφουρτάλια (ή πατατένια φουρτάλια), που προσφέρεται όλο το χρόνο και είναι η πιο αγαπημένη απ' όλες τις φουρτάλιες. Τρώγεται πάντα ζεστή και συνοδεύεται ιδανικά απ' το ντόπιο κρασί. Στα εορταστικά γεύματα, παρουσιάζεται τελευταία και συχνά κλέβει την παράσταση!*

Πατατοφουρτάλια

ΥΛΙΚΑ

- 3 ΚΙΛΑ ΠΑΤΑΤΕΣ
- 6 ΑΥΓΑ
- 4 ΚΟΥΤΑΛΙΕΣ ΤΗΣ ΣΟΥΠΑΣ ΓΛΙΝΑ*
- 3 ΚΟΥΤΑΛΙΕΣ ΤΗΣ ΣΟΥΠΑΣ ΕΛΑΙΟΛΑΔΟ
- 2 ΚΟΥΤΑΛΙΕΣ ΤΗΣ ΣΟΥΠΑΣ ΤΥΡΙ ΒΟΛΑΚΙ* ΝΤΟΠΙΟ ΞΕΡΟ ΤΡΙΜΜΕΝΟ
- 4 ΛΟΥΚΑΝΙΚΑ ΝΤΟΠΙΑ
- 2 ΚΟΥΤΑΛΙΕΣ ΤΗΣ ΣΟΥΠΑΣ ΔΥΟΣΜΟ ΦΡΕΣΚΟ ΨΙΛΟΚΟΜΜΕΝΟ Ή ΡΙΓΑΝΗ
- ΑΛΑΤΙ ΚΑΙ ΠΙΠΕΡΙ

ΕΚΤΕΛΕΣΗ

- Καθαρίζουμε και πλένουμε τις πατάτες. Τις κόβουμε ροδέλες μέτριου πάχους και τις αλατίζουμε.
- Χρησιμοποιούμε αντικολλητικό τηγάνι διαμέτρου 28 εκ. για να μας είναι εύκολο το ψήσιμο και ιδιαίτερα το γύρισμα της φουρτάλιας. Λιώνουμε τη γλίνα με το ελαιόλαδο μέσα στο τηγάνι και ρίχνουμε τις πατάτες. Τις σκεπάζουμε με καπάκι και τις αφήνουμε να ψηθούν στον ατμό τους.
- Αν θέλουμε τα λουκάνικα μέσα στη φουρτάλια, τα κόβουμε ροδέλες και τα προσθέτουμε στις πατάτες. Διαφορετικά, τα τηγανίζουμε χωριστά με τη γλίνα τους και τα ακουμπάμε ζεστά πάνω στη φουρτάλια την ώρα που σερβίρουμε.
- Χτυπάμε τα αυγά σε μπολ και προσθέτουμε το βολάκι, το πιπέρι και τα μυρωδικά της αρεσκείας μας. Προσθέτουμε και τις ψημένες πατάτες και ανακατεύουμε καλά όλα τα υλικά.
- Ρίχνουμε το μείγμα στο τηγάνι που καίει και το αφήνουμε να ψηθεί σε μέτρια φωτιά.
- Με ίσιο καπάκι που καλύπτει το τηγάνι ή με μεγάλο πιάτο, γυρίζουμε τη φουρτάλια και από τις δύο πλευρές και την αφήνουμε να γλιστρήσει ξανά στο τηγάνι ώστε να ψηθούν τα αυγά στο κέντρο αλλά και να πάρει η ίδια σχήμα για να έρθει στο τραπέζι «ωραία και αφράτη σαν παντεσπάνι».

Η κολοκυθοφουρτάλια (ή κολοκυθένια φουρτάλια) είναι η πιο συνηθισμένη φουρτάλια του καλοκαιριού, τότε που τα κολοκύθια αφθονούν και γεμίζουν τα καλάθια καθημερινά. Η φουρτάλια αυτή δεν κρυώνει εύκολα, γιατί το κολοκύθι κρατάει τη θερμότητα του ψησίματος. Συχνά, όταν στο τραπέζι υπάρχει πιάτο με κολοκύθια (βραστά, με κρέας, γεμιστά, φουρτάλια), επαναλαμβάνεται η παρατήρηση των γεμιτζήδων μιας εποχής που έκαναν συχνά με καΐκι το ταξίδι Άνδρος - Χίος κι είχαν μαζί τις κουμπάνιες* τους από το σπίτι: «Το κολοκύθι στη Χίο πήγε και δεν κρύωσε!»*

Κολοκυθοφουρτάλια

ΥΛΙΚΑ

- 2 ΚΙΛΑ ΚΟΛΟΚΥΘΑΚΙΑ
- 8 ΑΥΓΑ
- 3 ΚΟΥΤΑΛΙΕΣ ΤΗΣ ΣΟΥΠΑΣ ΓΛΙΝΑ*
- 3 ΚΟΥΤΑΛΙΕΣ ΤΗΣ ΣΟΥΠΑΣ ΕΛΑΙΟΛΑΔΟ
- 4 ΛΟΥΚΑΝΙΚΑ ΝΤΟΠΙΑ
- 4 ΚΟΥΤΑΛΙΕΣ ΤΗΣ ΣΟΥΠΑΣ ΤΥΡΙ ΝΤΟΠΙΟ ΒΟΛΑΚΙ* ΤΡΙΜΜΕΝΟ
- 2 ΚΟΥΤΑΛΙΕΣ ΤΗΣ ΣΟΥΠΑΣ ΔΥΟΣΜΟ ΦΡΕΣΚΟ ΨΙΛΟΚΟΜΜΕΝΟ Ή ΞΕΡΟ ΤΡΙΜΜΕΝΟ
- ΑΛΑΤΙ ΚΑΙ ΠΙΠΕΡΙ

ΕΚΤΕΛΕΣΗ

- Πλένουμε, καθαρίζουμε και κόβουμε τα κολοκυθάκια μέτριες ροδέλες. Τα αλατίζουμε ελαφρά και τ' αφήνουμε σε τρυπητό να φύγουν τα νερά τους και να στραγγίσουν καλά.
- Σε αντικολλητικό τηγάνι διαμέτρου 28 εκ. βάζουμε τη γλίνα με το ελαιόλαδο να λιώσει σε μέτρια φωτιά. Ρίχνουμε τα κολοκύθια και σκεπάζουμε το τηγάνι με καπάκι ώστε να τηγανιστούν ελαφρά στο λίπος αλλά και να ψηθούν στον ατμό τους.
- Ανακατεύουμε κατά διαστήματα με ξύλινη κουτάλα. Παρατηρούμε ότι ο όγκος τους μειώνεται αισθητά. Προς το τέλος προσθέτουμε λίγο αλάτι ακόμα, την τριμμένη φρυγανιά, το δυόσμο και το πιπέρι.
- Αφού τα κολοκύθια ψηθούν και πάρουν χρώμα, με τρυπητή κουτάλα τα βάζουμε ξανά σε τρυπητό ώστε να φύγουν και τα υπόλοιπα υγρά τους.
- Σε μεγάλο μπολ χτυπάμε τα αυγά ολόκληρα και το τριμμένο τυρί και στη συνέχεια προσθέτουμε τα ζεστά κολοκύθια ανακατεύοντας διαρκώς.
- Ρίχνουμε το μείγμα στο ζεστό τηγάνι και το αφήνουμε σε μέτρια φωτιά ώσπου τα αυγά να ψηθούν καλά. Γυρίζουμε τη φουρτάλια με ίσιο καπάκι ή μεγάλο πιάτο (για να γλιστράει) τουλάχιστον δύο φορές.
- Την αφήνουμε να μείνει στο τηγάνι με το μάτι σβησμένο ώστε να κρυώσει και να «σφίξει» σιγά σιγά, καθώς θα δένουν τα υλικά.
- Σερβίρουμε τη φουρτάλια από την «καλή» (την πιο ωραία) πλευρά, σε μεγάλη στρογγυλή πιατέλα. Τα ντόπια λουκάνικα τα τηγανίζουμε ελαφρά και είτε τα κόβουμε ροδέλες και τα προσθέτουμε στο μείγμα των αυγών είτε τα τοποθετούμε στο τέλος ολόκληρα πάνω στη σερβιρισμένη φουρτάλια. Τρώγεται χλιαρή ή κρύα.

Λυροφουρτάλια

ΥΛΙΚΑ

1 ΛΥΡΑΚΙ ΜΕΤΡΙΟ (1½ ΚΙΛΟ)

6 ΑΥΓΑ

3 ΚΟΥΤΑΛΙΕΣ ΤΗΣ ΣΟΥΠΑΣ ΓΛΙΝΑ*

3 ΚΟΥΤΑΛΙΕΣ ΤΗΣ ΣΟΥΠΑΣ ΕΛΑΙΟΛΑΔΟ

4 ΛΟΥΚΑΝΙΚΑ ΝΤΟΠΙΑ

4 ΚΟΥΤΑΛΙΕΣ ΤΗΣ ΣΟΥΠΑΣ ΤΥΡΙ ΝΤΟΠΙΟ ΒΟΛΑΚΙ* ΤΡΙΜΜΕΝΟ

2 ΚΟΥΤΑΛΙΕΣ ΤΗΣ ΣΟΥΠΑΣ ΔΥΟΣΜΟ ΦΡΕΣΚΟ ΨΙΛΟΚΟΜΜΕΝΟ Ή ΞΕΡΟ ΤΡΙΜΜΕΝΟ

ΑΛΑΤΙ ΚΑΙ ΠΙΠΕΡΙ

ΕΚΤΕΛΕΣΗ

Η εκτέλεση της λυροφουρτάλιας* (ή λυρένιας φουρτάλιας) είναι ίδια με της κολοκυθένιας. Το λυράκι* χρειάζεται απλώς περισσότερη προσοχή στο ψήσιμο γιατί λιώνει πιο εύκολα απ' το κολοκύθι.

Και βέβαια, την αφήνουμε κι αυτή, αφού ψηθεί, να κρυώσει μέσα στο τηγάνι και να «σφίξει» σιγά σιγά.

Τα κουκιά είναι όσπριο πλούσιο σε πρωτεΐνες. Περιέχουν φολικό οξύ (βιταμίνη Β9), φωσφόρο, μαγγάνιο, χαλκό, μαγνήσιο, κάλιο, νάτριο, σίδηρο κ.ά. Παρά τη μεγάλη διατροφική τους αξία, τα κουκιά μπορούν να βλάψουν σοβαρά όσους έχουν έλλειψη του ενζύμου 6GPD προκαλώντας κυάμωση. Η έλλειψη αυτή υπάρχει εκ γενετής, οπότε καλό είναι η διάγνωσή της να γίνεται έγκαιρα.

Η κουκοφουρτάλια είναι η φουρτάλια της άνοιξης, και το καλύτερο ίσως πιάτο μετά την κρεοφαγία και τις υπερβολές του Πάσχα. Όταν ήμουν μικρή, η χαρά μου ήταν να χάνομαι μέσα στα φυτεμένα κουκιά και να διαλέγω τα τρυφερά· άλλα να τα τρώω εκείνη τη στιγμή ωμά και άλλα να τα βάζω στην ποδιά με τη μεγάλη τσέπη, που μου τη φορούσε η γιαγιά για να βγω στο κτήμα. Τα έφερνα πίσω για να γίνουν φουρταλίτσα κουκένια, μαζί με το δυόσμο που μάζευα απ' τα παρτέρια.*

Κουκοφουρτάλια

ΥΛΙΚΑ

- 2½ ΚΙΛΑ ΚΟΥΚΙΑ ΦΡΕΣΚΑ ΤΡΥΦΕΡΑ, ΟΧΙ ΠΟΛΥ ΜΕΣΤΩΜΕΝΑ
- 8 ΑΥΓΑ
- 3 ΚΟΥΤΑΛΙΕΣ ΓΛΙΝΑ*
- 2 ΚΟΥΤΑΛΙΕΣ ΤΗΣ ΣΟΥΠΑΣ ΕΛΑΙΟΛΑΔΟ
- 2 ΚΟΥΤΑΛΙΕΣ ΤΗΣ ΣΟΥΠΑΣ ΔΥΟΣΜΟ ΦΡΕΣΚΟ ΨΙΛΟΚΟΜΜΕΝΟ Ή ΞΕΡΟ ΤΡΙΜΜΕΝΟ
- 4 ΛΟΥΚΑΝΙΚΑ ΝΤΟΠΙΑ
- ΑΛΑΤΙ ΚΑΙ ΠΙΠΕΡΙ

ΕΚΤΕΛΕΣΗ

- Καθαρίζουμε τα κουκιά και κρατάμε τα σπέρματά τους. Τα αλατίζουμε.
- Σε αντικολλητικό τηγάνι διαμέτρου 28 εκ. ζεσταίνουμε τη γλίνα με το ελαιόλαδο και προσθέτουμε τα κουκιά. Τα σκεπάζουμε με καπάκι και τ' αφήνουμε να ψηθούν σε χαμηλή φωτιά, προσέχοντας να μείνουν μαλακά και να μην «πετσιάσει» (σκληρύνει) το εξωτερικό τους. Ανακατεύουμε πότε πότε με ξύλινη κουτάλα.
- Χτυπάμε τα αυγά με λίγο αλάτι σε μπολ και εκεί προσθέτουμε το δυόσμο και τα μαγειρεμένα κουκιά μαζί με τα λουκάνικα, που τα έχουμε κόψει ροδέλες. Ανακατεύουμε να γίνουν όλα ομοιόμορφο μείγμα.
- Ρίχνουμε το μείγμα σε τηγάνι που καίει και το κουνάμε πάνω στο μάτι για να μην κολλήσει. Με πιάτο μεγάλο όσο το τηγάνι ή με ίσιο καπάκι ίδιου μεγέθους γυρίζουμε τη φουρτάλια και την αφήνουμε να γλιστρήσει απαλά ξανά στο τηγάνι για να ψηθεί κι από την άλλη πλευρά. Αν χρειαστεί, κι αν μας το επιτρέπει η επιδεξιότητά μας, τη γυρίζουμε με τον ίδιο τρόπο δύο τρεις φορές ακόμη!
- Σβήνουμε τη φωτιά, αλλά αφήνουμε τη φουρτάλια στο τηγάνι για να ψηθεί καλά και να πήξει το αυγό ώς το κέντρο της.
- Τη σερβίρουμε σε στρογγυλή πιατέλα. Συνοδεύεται με ντόπιο κρασί.

Η φουρτάλια αυτή ταιριάζει στις κρύες μέρες του χειμώνα και, όπως λένε οι ντόπιοι, «τραβάει» μπόλικο κρασί.*

Κρεμμυδοφουρτάλια

ΥΛΙΚΑ

3 ΚΙΛΑ ΚΡΕΜΜΥΔΙΑ ΞΕΡΑ
8 ΑΥΓΑ
3 ΚΟΥΤΑΛΙΕΣ ΤΗΣ ΣΟΥΠΑΣ ΓΛΙΝΑ*
4 ΛΟΥΚΑΝΙΚΑ ΝΤΟΠΙΑ
6 ΦΥΛΛΑ ΔΥΟΣΜΟ ΦΡΕΣΚΟ ΨΙΛΟΚΟΜΜΕΝΟ
ΑΛΑΤΙ ΚΑΙ ΠΙΠΕΡΙ

ΕΚΤΕΛΕΣΗ

- Καθαρίζουμε και κόβουμε τα κρεμμύδια σε φέτες.
- Λιώνουμε τη γλίνα σε τηγάνι και σοτάρουμε τα κρεμμύδια σε μέτρια φωτιά.
- Κόβουμε τα λουκάνικα ροδέλες και τα προσθέτουμε στο τηγάνι.
- Χτυπάμε τα αυγά σε μεγάλο μπολ. Στη συνέχεια προσθέτουμε όλα τα υλικά και ανακατεύουμε ώστε να γίνουν ομοιόμορφο μείγμα.
- Ρίχνουμε το μείγμα στο τηγάνι που καίει και αφήνουμε τη φουρτάλια να ψηθεί από τη μία πλευρά.
- Τη γυρίζουμε προσεκτικά χρησιμοποιώντας μεγάλο πιάτο ή ίσιο καπάκι κατσαρόλας ώστε να γλιστρήσει εύκολα και να ψηθεί και από την άλλη πλευρά.
- Την αφήνουμε σε χαμηλή φωτιά μερικά λεπτά ακόμη να ψηθεί καλά και να τραβήξει τα υγρά της.
- Σερβίρουμε με ντόπιο κρασί.

Η χειμωνιάτικη βόλτα στις πλαγιές του νησιού την Κυριακή συνδυάζεται άνετα με το μάζεμα των χόρτων. Αν τα χόρτα που θα βρούμε δεν είναι αρκετά για να τα βράσουμε, τότε φτιάχνουμε μια φουρταλίτσα και τη συνοδεύουμε με σύγλινα*, τυρί φρέσκο, παστές σαρδέλες και κρασάκι ντόπιο.*

Χορτοφουρτάλια

ΥΛΙΚΑ

1 ΚΙΛΟ ΧΟΡΤΑ ΔΙΑΦΟΡΑ: ΣΠΑΝΑΚΙ, ΚΟΥΣΟΥΝΑΔΕΣ*, ΤΡΙΦΥΛΛΙ, ΦΡΥΓΑΝΟ (ΟΤΑΝ ΕΙΝΑΙ ΠΡΑΣΙΝΟ)
6 ΑΥΓΑ
2 ΛΟΥΚΑΝΙΚΑ ΝΤΟΠΙΑ
2 ΚΟΥΤΑΛΙΕΣ ΓΛΙΝΑ*
2 ΚΡΕΜΜΥΔΑΚΙΑ ΦΡΕΣΚΑ ΨΙΛΟΚΟΜΜΕΝΑ
2 ΚΟΥΤΑΛΙΕΣ ΤΗΣ ΣΟΥΠΑΣ ΔΥΟΣΜΟ ΦΡΕΣΚΟ ΨΙΛΟΚΟΜΜΕΝΟ Ή ΞΕΡΟ ΤΡΙΜΜΕΝΟ
ΑΛΑΤΙ ΚΑΙ ΠΙΠΕΡΙ

ΕΚΤΕΛΕΣΗ

Τη χορτοφουρτάλια* τη φτιάχνουμε όπως τις άλλες φουρτάλιες. Πρώτα βέβαια καθαρίζουμε και πλένουμε τα χόρτα και στη συνέχεια τα βάζουμε να μαραθούν μαζί με τα υπόλοιπα υλικά, σκεπασμένα μέσα στο τηγάνι.

Φουρτάλια με άγρια σπαράγγια

ΥΛΙΚΑ

4 ΧΕΡΙΕΣ ΑΓΡΙΑ ΣΠΑΡΑΓΓΙΑ
4 ΑΥΓΑ
3 ΚΟΥΤΑΛΙΕΣ ΤΗΣ ΣΟΥΠΑΣ ΓΛΙΝΑ*
3 ΛΟΥΚΑΝΙΚΑ ΝΤΟΠΙΑ
ΑΛΑΤΙ ΚΑΙ ΠΙΠΕΡΙ

ΕΚΤΕΛΕΣΗ

Ακολουθούμε την ίδια διαδικασία με τις άλλες φουρτάλιες*. Το τηγάνι μας να έχει διάμετρο 26 εκ. Προσοχή: τα σπαράγγια θέλουν ελαφρύ ψήσιμο, σκεπασμένα στο τηγάνι.

Η οικοδέσποινα φροντίζει την προετοιμασία των εορταστικών γευμάτων με κάθε λεπτομέρεια. Το στρώσιμο του τραπεζιού αντανακλά την αρχοντιά της ανδριώτικης παράδοσης. Το τραπέζι είναι στρωμένο με απλικαρισμένο τραπεζομάντιλο που δείχνει το γούστο της. Τα πιάτα, προίκα της, αγορασμένα από τον παππού ή τον πατέρα της από τη Γένοβα, τη Μασσαλία, την Πόλη. Τα μαχαιροπίρουνα αλπακάς και τα ποτήρια από λεπτό γυαλί, ταγιαρισμένα με λουλούδια και κληματόφυλλα.

Η οικοδέσποινα φέρει όλη την ευθύνη για την επιτυχία του γεύματος. Αποφασίζει τα πιάτα και τη σειρά που θα παρουσιαστούν, και έχει το πρόσταγμα της κουζίνας. Οι κόρες από μικρές βοηθούν στην προετοιμασία και στο σερβίρισμα.

Επάνω στο τραπέζι τοποθετούνται από την αρχή οι σαλάτες, ωμές και βραστές, τα τυριά (μαλαχτό, πετρωτή*, κοπανιστή), οι σαρδελίτσες ξιδάτες, η ξηλαδιά*, τα ντόπια λουκάνικα και το ψωμί. Πρώτα σερβίρονται οι σούπες. Στη συνέχεια πετεινός με πιλάφι ή μακαρονάδα, κεφτέδες, τα κρεατικά, χοιρινό με κυδώνια ή ψητό με πατάτες και τέλος, οι φουρτάλιες*. Το κρασί είναι κόκκινο συνετιανό, που ωρίμασε σε πήλινα πιθάρια, λιαστό ή παραχωμένο στη γη. Έρχεται μέσα σε γυάλινες φλάσκες και του προσθέτουν λίγο νερό, γιατί αλλιώς, γίνεται κουτελίτης*.*

Σε ονομαστικές εορτές και επίσημες επετείους στη Χώρα και στα χωριά, το τραπέζι της σάλας στήνεται απ' το πρωί με πιατέλες με πολλών ειδών μεζέδες. Προσφέρεται τσίπουρο ή κρασί και οι παρέες των φίλων έρχονται η μία μετά την άλλη να χαιρετίσουν και να ευχηθούν τον εορτάζοντα. Βέβαια, από σπίτι σε σπίτι κι από κέρασμα σε κέρασμα τα οινοπνευματώδη ανακατεύονται και γύρω στο μεσημέρι όλοι βρίσκονται στην αγκαλιά του Διονύσου!

Επίσημο είναι και το τραπέζι των αρραβώνων και βέβαια του γάμου, με τιμώμενο πρόσωπο τον γαμπρό. Το μενού εδώ περιλαμβάνει κοκοροπίλαφο, ντολμαδάκια αυγολέμονο, κατσικάκι φρικασέ, μαζί με καλό κρασί, και άφθονα άσπρα γλυκά.*

ΠΙΑΤΑ ΚΥΡΙΑΚΩΝ & ΕΟΡΤΩΝ

Ζηλαδιά ή πηχτή, ιδανικός κρασομεζές με προέλευση τα χοιροσφάγια*. Θα τη βρούμε σε περίοπτη θέση σε όλους τους εορταστικούς μπουφέδες. Συνταγή μπελαλίδικη, με μεγάλη προετοιμασία, που συχνά την αναλαμβάνουν οι άντρες. Η απαραίτητη πηκτίνη προέρχεται από τους χόνδρους της κεφαλής και των ποδιών του σφαχτού.*

Ζηλαδιά

ΥΛΙΚΑ

1	ΧΟΙΡΙΝΟ ΚΕΦΑΛΙ ΜΑΖΙ ΜΕ ΤΟ ΛΑΙΜΟ
2	ΠΟΔΙΑ ΧΟΙΡΙΝΑ
⅓	ΦΛΙΤΖΑΝΙ ΞΙΔΙ
½	ΦΛΙΤΖΑΝΙ ΧΥΜΟ ΛΕΜΟΝΙ
⅓	ΦΛΙΤΖΑΝΙ ΧΥΜΟ ΠΟΡΤΟΚΑΛΙ
1	ΚΟΥΤΑΛΑΚΙ ΤΟΥ ΓΛΥΚΟΥ ΠΙΠΕΡΙ ΟΛΟΚΛΗΡΟ
1	ΚΟΥΤΑΛΑΚΙ ΤΟΥ ΓΛΥΚΟΥ ΑΛΑΤΙ

ΓΙΑ ΤΟ ΓΑΡΝΙΡΙΣΜΑ

ΚΑΠΠΑΡΗ, ΜΑΪΝΤΑΝΟ, ΚΑΡΟΤΟ ΚΤΛ.

ΕΚΤΕΛΕΣΗ

- Πλένουμε και καθαρίζουμε το κεφάλι και τα πόδια.
- Τα τοποθετούμε όλα σε βαθιά κατσαρόλα, τα σκεπάζουμε με κρύο νερό και τα βάζουμε σε δυνατή φωτιά. Μόλις πάρουν βράση, αφαιρούμε με κουτάλα τον αφρό και τ' αφήνουμε να βράσουν σκεπασμένα σε μέτρια φωτιά μία ώρα περίπου.
- Στη συνέχεια προσθέτουμε το αλάτι, το ξίδι, το χυμό λεμόνι και πορτοκάλι, και το πιπέρι ολόκληρο. Τ' αφήνουμε να βράσουν σκεπασμένα δύο ώρες ακόμη.
- Κατεβάζουμε την κατσαρόλα από τη φωτιά και ξεχωρίζουμε το κρέας από τα κόκαλα. Κόβουμε το κρέας σε κομματάκια και τα βάζουμε σε γυάλινο μπολ. Προσθέτουμε και όσα παχάκια απ' το κεφάλι μάς αρέσουν.
- Σουρώνουμε προσεκτικά το ζουμί, αφού το έχουμε αφήσει να κατασταλάξει για να είναι διαυγές.
- Προσθέτουμε το ζουμί στο μπολ μέχρι να σκεπαστούν όλα τα κομματάκια του χοιρινού.
- Όταν το μείγμα κρυώσει, βάζουμε το μπολ να πήξει σε δροσερό μέρος (τουλάχιστον 4-5 ώρες).
- Για να σερβίρουμε τη ζηλαδιά, βυθίζουμε το μπολ για λίγα δευτερόλεπτα σε λεκάνη με ζεστό νερό και το αναποδογυρίζουμε σε πιατέλα. Κόβουμε σε φέτες και γαρνίρουμε με κάππαρη, μαϊντανό, καρότο, φρέσκο κρεμμυδάκι κτλ.

Το κατσικάκι ή ριφάκι, την άνοιξη μαγειρεύεται με διάφορα άγρια χόρτα (καρύδες, αλιφόνια* κ.ά.). Με όλα γίνεται πολύ νόστιμο, αλλά με τα προβάσια* αγγίζει την κορυφαία γεύση.*

Κατσικάκι με άγρια χόρτα αυγολέμονο

ΥΛΙΚΑ

- 2 ΚΙΛΑ ΚΑΤΣΙΚΑΚΙ (ΣΠΑΛΑ Ή ΠΟΔΑΡΑΚΙ)
- 1½ ΚΙΛΟ ΑΓΡΙΑ ΧΟΡΤΑ (ΠΡΟΒΑΣΙΑ, ΚΑΡΥΔΕΣ Ή ΑΛΙΦΟΝΙΑ)
- 1 ΦΛΙΤΖΑΝΙ ΚΡΕΜΜΥΔΑΚΙΑ ΦΡΕΣΚΑ ΨΙΛΟΚΟΜΜΕΝΑ
- 2 ΚΟΥΤΑΛΑΚΙΑ ΤΟΥ ΓΛΥΚΟΥ ΑΝΗΘΟ ΨΙΛΟΚΟΜΜΕΝΟ
- 1 ΦΛΙΤΖΑΝΙ ΕΛΑΙΟΛΑΔΟ
- 3 ΦΛΙΤΖΑΝΙΑ ΝΕΡΟ ΖΕΣΤΟ
- 2 ΑΥΓΑ
- 2 ΛΕΜΟΝΙΑ, ΤΟ ΧΥΜΟ
- ΑΛΑΤΙ ΚΑΙ ΠΙΠΕΡΙ

ΕΚΤΕΛΕΣΗ

- Πλένουμε το κρέας και το κόβουμε μερίδες.
- Ζεσταίνουμε το μισό ελαιόλαδο σε κατσαρόλα με χαμηλή φωτιά και προσθέτουμε τα κρεμμυδάκια και το κρέας να τσιγαριστούν μερικά λεπτά και να πάρουν χρώμα. Προσθέτουμε 3 φλιτζάνια ζεστό νερό και αφήνουμε το κρέας σκεπασμένο να βράσει σε μέτρια φωτιά μία ώρα περίπου.
- Καθαρίζουμε προσεκτικά τα χόρτα και τα πλένουμε καλά. Τα προσθέτουμε ολόκληρα στην κατσαρόλα και τα βράζουμε όλα μαζί σκεπασμένα 20-30 λεπτά ακόμη. Δέκα λεπτά πριν από το τέλος, προσθέτουμε το υπόλοιπο λάδι, τον άνηθο, το αλάτι και το πιπέρι.
- Κατεβάζουμε την κατσαρόλα από τη φωτιά και φτιάχνουμε το αυγολέμονο. Χτυπάμε τα αυγά σε μπολ μαζί με το χυμό των λεμονιών. Μ' ένα κουτάλι παίρνουμε ζεστό ζουμί από την κατσαρόλα και το ρίχνουμε αργά στο μπολ χτυπώντας συνέχεια.
- Περιχύνουμε το κρέας και τα χόρτα με το αυγολέμονο και βάζουμε ξανά την κατσαρόλα σε χαμηλή φωτιά ώσπου να δέσει.
- Κατεβάζουμε από τη φωτιά και σερβίρουμε σε μεγάλη πιατέλα. Συνοδεύουμε με άφθονες τηγανητές πατάτες!

Στα χοιροσφάγια, κατά το μεσημέρι κι ενώ οι εργασίες είναι σε πλήρη εξέλιξη, οι κεφτέδες, ζεστοί ζεστοί, είναι από τα πρώτα πιάτα που σερβίρονται στους παρευρισκόμενους. Και στο τραπέζι της Κυριακής, όμως, μια πιατέλα κεφτέδες, από χοιρινό, μοσχαρίσιο ή ανάμεικτο κιμά, είναι πάντα ευπρόσδεκτη, ενώ στο επίσημο γαμήλιο γεύμα αυτοί αποτελούν τον «κρίκο» ανάμεσα στα πιάτα που θ' ακολουθήσουν, όπως προστάζει το εθιμοτυπικό.*

Τέλος, κεφτέδες κρύοι, μαζί με ψωμί, λίγες ελιές και δυο ντομάτες είναι τα απαραίτητα της κουμπάνιας. Πότε πότε μια φουρταλίτσα*, ίσως κι ένα κομμάτι πετρωτή*, έρχεται να ενισχύσει τις προμήθειες. Μια λινή πετσέτα, από τα μπάρκα των ναυτικών, σκεπάζει το καλαθάκι με το φαγητό αυτό «για το δρόμο».*

Κεφτέδες χοιρινοί

ΥΛΙΚΑ

- ½ ΚΙΛΟ ΚΙΜΑ ΧΟΙΡΙΝΟ (ΜΠΟΥΤΙ)
- 1½ ΦΛΙΤΖΑΝΙ ΨΙΧΑ ΑΠΟ ΨΩΜΙ ΑΣΠΡΟ ΜΠΑΓΙΑΤΙΚΟ
- 1-2 ΚΡΕΜΜΥΔΙΑ ΜΙΚΡΑ ΨΙΛΟΚΟΜΜΕΝΑ
- 2 ΚΟΥΤΑΛΙΕΣ ΤΗΣ ΣΟΥΠΑΣ ΕΛΑΙΟΛΑΔΟ
- 2 ΚΟΥΤΑΛΙΕΣ ΤΗΣ ΣΟΥΠΑΣ ΜΑΪΝΤΑΝΟ ΨΙΛΟΚΟΜΜΕΝΟ
- 2 ΑΥΓΑ
- 1 ΚΟΥΤΑΛΙΑ ΤΗΣ ΣΟΥΠΑΣ ΧΥΜΟ ΛΕΜΟΝΙ Ή 2 ΚΟΥΤΑΛΙΕΣ ΤΗΣ ΣΟΥΠΑΣ ΚΡΑΣΙ ΝΤΟΠΙΟ
- 1 ΚΟΥΤΑΛΙΑ ΤΗΣ ΣΟΥΠΑΣ ΔΥΟΣΜΟ ΦΡΕΣΚΟ ΨΙΛΟΚΟΜΜΕΝΟ Ή ΞΕΡΟ ΤΡΙΜΜΕΝΟ
- 2 ΚΟΥΤΑΛΙΕΣ ΤΗΣ ΣΟΥΠΑΣ ΜΑΝΤΖΟΥΡΑΝΑ
- 2 ΚΟΥΤΑΛΙΕΣ ΤΗΣ ΣΟΥΠΑΣ ΤΥΡΙ ΤΡΙΜΜΕΝΟ
- ΑΛΑΤΙ ΚΑΙ ΠΙΠΕΡΙ

ΛΑΔΙ ΓΙΑ ΤΟ ΤΗΓΑΝΙΣΜΑ

ΕΚΤΕΛΕΣΗ

- Μουσκεύουμε την ψίχα του ψωμιού, τη στραγγίζουμε και τη βάζουμε σε μπολ. Προσθέτουμε όλα τα υπόλοιπα υλικά. Τα ζυμώνουμε καλά και αφήνουμε το μείγμα στο ψυγείο μία ώρα περίπου να σφίξει.
- Πλάθουμε το μείγμα σε μικρές μπάλες και τις αλευρώνουμε.
- Τηγανίζουμε τους κεφτέδες σε καυτό λάδι, να ροδίσουν κι από τις δύο πλευρές. Τους τοποθετούμε πρώτα σε χαρτί κουζίνας ν' απορροφηθεί το παραπανίσιο λάδι.
- Σερβίρονται ζεστοί ή κρύοι μ' ένα ποτήρι κόκκινο κρασί ντόπιο.

Φαγητό πλούσιο σε θερμίδες απ' το τονωτικό ζουμί και το λίπος του κόκορα, με λίγο φρέσκο βούτυρο στο τέλος! Το κοκοροπίλαφο συνοδεύει το τραπέζι προς τιμήν του γαμπρού, μαζί με άλλα πιάτα για επίσημα γεύματα, όπως τα ντολμαδάκια αυγολέμονο. Καθώς το πιλάφι γενικά συμβολίζει την αφθονία και τη γονιμότητα, το κοκοροπίλαφο προσφέρεται κατά το έθιμο και την Πρώτη του Έτους, με την ευχή να είναι η χρονιά δημιουργική και πλούσια σε καρπούς, κι ο νοικοκύρης να έχει πάντα τα κελάρια του γεμάτα.

Τα κοκόρια τώρα – ή μάλλον οι πετεινοί. Είναι πάντα χρήσιμοι στην πρωινή έγερση, αλλά και για να δείχνουν τις αλλαγές του καιρού ή κάποιο άλλο φυσικό φαινόμενο, κυρίως όταν κικιρίζουν πέρα από την καθιερωμένη πρωινή ώρα τους. Σφάζονται σπάνια, εκτός κι εάν γίνονται επιθετικοί και διαταράσσουν την ηρεμία στο κοτέτσι ή γεννιούνται υπεράριθμοι.

Κοκοροπίλαφο

ΥΛΙΚΑ

5 ΦΛΙΤΖΑΝΙΑ ΖΟΥΜΙ ΑΠΟ ΚΟΚΟΡΑ (ΒΛ. ΕΚΤΕΛΕΣΗ)

2 ΦΛΙΤΖΑΝΙΑ ΡΥΖΙ ΓΙΑ ΠΙΛΑΦΙ

1 ΦΥΛΛΟ ΔΑΦΝΗΣ (ΠΡΟΑΙΡΕΤΙΚΑ)

1 ΛΕΜΟΝΙ, ΤΟ ΧΥΜΟ

1 ΚΟΥΤΑΛΙΑ ΤΗΣ ΣΟΥΠΑΣ ΒΟΥΤΥΡΟ ΦΡΕΣΚΟ

ΑΛΑΤΙ

ΠΙΠΕΡΙ ΦΡΕΣΚΟΤΡΙΜΜΕΝΟ

ΕΚΤΕΛΕΣΗ

- Βράζουμε τον κόκορα, προσθέτοντας αλάτι κι ένα φύλλο δάφνης για μυρωδιά. Σουρώνουμε το ζουμί, αφού πρώτα αφαιρέσουμε ένα μέρος από το λίπος του.
- Μετράμε 5 φλιτζάνια ζουμί και το βράζουμε σε δυνατή φωτιά. Πλένουμε το ρύζι και το προσθέτουμε στο ζουμί που βράζει, μαζί με λίγο αλάτι. Σκεπάζουμε την κατσαρόλα, χαμηλώνουμε τη φωτιά και αφήνουμε το ρύζι να σιγοβράσει, χωρίς να το ανακατεύουμε, ώσπου να πιει όλο το υγρό.
- Προσθέτουμε το χυμό λεμόνι, σβήνουμε τη φωτιά και σκεπάζουμε την κατσαρόλα με καθαρή πετσέτα μερικά λεπτά ώστε το ρύζι να απορροφήσει όσο υγρό απομένει.
- Προσθέτουμε το φρέσκο βούτυρο για να μοσχομυρίσει το πιλάφι μας και ανακατεύουμε ελαφρά. Η κλασική συνταγή θέλει το βούτυρο περισσότερο (3-4 κουταλιές της σούπας) και τσιγαρισμένο για να κάνει το πιλάφι «να γυαλίσει».
- Σερβίρουμε σε πιατέλα και συνοδεύουμε με κομμάτια από τον κόκορα, τον οποίο συνήθως, αφού τον βράσουμε, τον σβήνουμε με κόκκινο συνετιανό κρασί και τον μαγειρεύουμε με ντομάτα.
- Τρίβουμε από πάνω λίγο φρέσκο πιπέρι.

Τα αμπελοφάσουλα ή ψιλοφάσουλα (ποτιξάμενα ή άνυδρα) δεν λείπουν απ' τα μποστάνια τους καλοκαιρινούς μήνες. Γεμίζουν τσουβάλια ολόκληρα και γίνονται βραστή σαλάτα εξαιρετική, ιδίως σε συνδυασμό με βραστό λυράκι* και σκορδαλιά. Όταν μείνουν πάνω στις φασολιές και ξεραθούν, δίνουν τα γνωστά μας μαυρομάτικα. Στη συνταγή που ακολουθεί, τα φρέσκα αμπελοφάσουλα γίνονται μαγειρευτά με κρέας μοσχαρίσιο.*

> *«Υφίσταται ένα ζήτημα το οποίον πρέπει να λυθή επιτέλους. Οι κρεοπώλαι ενταύθα ενεργούσι την διανομήν του κρέατος κατά βούλησιν. Με άλλους λόγους, κόβουν όπως θέλουν το κρέας και το μοιράζουν πάλιν όπως θέλουν!»*
>
> *εφ. Ανδριώτης, 5 Μαρτίου 1927, αρ. φ. 22.*

Κρέας με αμπελοφάσουλα

ΥΛΙΚΑ

- 1½ ΚΙΛΟ ΚΡΕΑΣ ΜΟΣΧΑΡΙΣΙΟ (ΚΑΤΑ ΠΡΟΤΙΜΗΣΗ ΠΟΝΤΙΚΟ)
- 1½ ΚΙΛΟ ΑΜΠΕΛΟΦΑΣΟΥΛΑ
- 5 ΚΟΥΤΑΛΙΕΣ ΤΗΣ ΣΟΥΠΑΣ ΕΛΑΙΟΛΑΔΟ
- 3 ΣΚΕΛΙΔΕΣ ΣΚΟΡΔΟ ΣΕ ΡΟΔΕΛΕΣ
- 2 ΛΕΜΟΝΙΑ, ΤΟ ΧΥΜΟ
- ΑΛΑΤΙ ΚΑΙ ΠΙΠΕΡΙ

ΕΚΤΕΛΕΣΗ

- Κόβουμε το κρέας μερίδες, το πλένουμε και το σκουπίζουμε.
- Ζεσταίνουμε το λάδι σε κατσαρόλα, τσιγαρίζουμε το σκόρδο και προσθέτουμε τα κομμάτια το κρέας. Τα τσιγαρίζουμε κι αυτά, ελαφρά.
- Προσθέτουμε 4 φλιτζάνια νερό ζεστό κι αφήνουμε το κρέας να βράζει σε μέτρια φωτιά αφαιρώντας στην αρχή τον αφρό με κουτάλι.
- Καθαρίζουμε τα αμπελοφάσουλα κόβοντας τη μύτη στις δύο άκρες και απομακρύνοντας τις τυχόν κλωστές. Τα κόβουμε στα δύο με το χέρι.
- Τα πλένουμε μέσα σε τρυπητό ώστε να μη χάσουμε τα μικρά φασολάκια (παπουδίτσες*) που έχουν μέσα.
- Αφού ελέγξουμε με πιρούνι ότι το κρέας μας έχει σχεδόν ψηθεί, βάζουμε στην κατσαρόλα τα αμπελοφάσουλα και προσθέτουμε το αλάτι και το πιπέρι.
- Σε 20 λεπτά τα αμπελοφάσουλα και το κρέας είναι έτοιμα. Ρίχνουμε το χυμό των λεμονιών και σβήνουμε τη φωτιά. Αφήνουμε το φαγητό στην κατσαρόλα ώστε να αναμειχθούν οι μυρωδιές του, και το σερβίρουμε ζεστό.

Λαμπριάτης

Ο λαμπριάτης, κατσικάκι γεμιστό στο φούρνο, είναι το κύριο πιάτο του ανδριώτικου πασχαλινού τραπεζιού και το πιο εορταστικό ολόκληρου του χρόνου. Το βράδυ της Ανάστασης και ανήμερα το Πάσχα τρώμε τη γέμιση του λαμπριάτη, κόκκινα αυγά, μαγειρίτσα ή άλλη πιο απλή σούπα μαζί με διάφορα μέρη του κατσικιού βραστά (μόνο το βράδυ), άλλα μέρη του κατσικιού ψητά, σαλάτες και χόρτα του βουνού, βλαστάρια ή βρούβες, φρέσκα τυριά της εποχής.*

Οι νοικοκυρές από την αρχή της Μεγάλης Εβδομάδας παραγγέλνουν το κατσικάκι τους και φροντίζουν να εξασφαλίσουν έγκαιρα τα υλικά για τη γέμιση. Όλα πρέπει να είναι άφθονα (αυγά, τυριά, μυρωδικά) ώστε να μη λείψει τίποτα τελευταία στιγμή και χρονιάρες μέρες! Η ατμόσφαιρα της προετοιμασίας είναι χαρούμενη και γεμάτη προσμονή για την Ανάσταση. Το πρωινό του Μεγάλου Σαββάτου περνάει στην κουζίνα. Το πρόσταγμα ανήκει σε έναν· οι υπόλοιποι βοηθούν. Το κρέας πλένεται, τα υλικά κόβονται, σωτάρονται και δένονται με τ' αυγά, το κουφάρι γεμίζεται, ράβεται και μπαίνει σε μεγάλο ταψί, συνήθως χωρίς πατάτες. Ο λαμπριάτης, σκεπασμένος με λινή πετσέτα ή λαδόκολλα, στέλνεται –συνήθως με τα υπεύθυνα και χειροδύναμα παιδιά– στο φούρνο της γειτονιάς για να ψηθεί με πολλούς άλλους μαζί, ώστε να πάρει και να δώσει μυρωδιές και να γίνει ακόμα πιο νόστιμος.

Όλη μέρα το Μεγάλο Σάββατο τα σοκάκια κι οι γειτονιές μοσχοβολούν. Τα ταψιά ανεβοκατεβαίνουν στους δρόμους. Το βράδυ πια η ανυπομονησία για την επιτυχία του λαμπριάτη σπρώχνει κάποια μέλη της οικογένειας να παρακάμπτουν τους κανόνες της νηστείας και να δοκιμάζουν ολίγον προτού πάρουν τ' αναστάσιμα κεριά στο χέρι και σπεύσουν για την εκκλησία.

Σ' ένα ξένο βιβλίο μαγειρικής για τη Μέση Ανατολή, το μάτι μου έπεσε στο «Λαμπριάτης Άνδρου, Πασχαλινό αρνί ή κατσίκι». Η συγγραφέας βρίσκει τη συνταγή δύσκολη και σχολιάζει ότι χρειάζεται κανείς μεγάλο φούρνο για να ψήσει το κατσίκι. Η γέμιση που προτείνει έχει πολλά κρεμμύδια, σπανάκι, ρύζι και τυρί φέτα.

Από περιοχή σε περιοχή του νησιού, αλλά ακόμα κι από σπιτικό σε σπιτικό, η γέμιση διαφέρει. Στα χωριά του Κορθίου, για παράδειγμα, θα τη βρούμε με πολύ ρύζι, μυρωδικά και τυριά ντόπια. Στο Συνετί, με πολύ σπανάκι και φρέσκα μυρωδικά, λιγότερα αυγά και τυριά. Στο χωριό αυτό μάλιστα το γεμιστό τοποθετείται πάνω σε σχάρα μέσα σε ειδικά φτιαγμένο κλειστό μεταλλικό σκεύος (μπανάκι). Κάτω από τη σχάρα μπαίνει ρύζι, που ψήνεται με τους χυμούς του λαμπριάτη. Το αποτέλεσμα: ένα πιλάφι αξεπέραστο! Στη Χώρα, η γέμιση έχει συνήθως πολλά και διαφορετικά τυριά και πολλά αυγά. Όταν η γειτονιά έχει φούρνο, το ψήσιμο γίνεται εκεί, και όχι στο σπίτι, διαφορετικά, οι λαμπριάτες ψήνονται δυο τρεις μαζί σε υπαίθριους φούρνους.*

Λαμπριάτης

ΥΛΙΚΑ

1 ΚΑΤΣΙΚΑΚΙ 7-8 ΚΙΛΑ
1 ΜΠΟΛΙΑ
2 ΛΕΜΟΝΙΑ
ΛΙΓΟ ΑΛΑΤΙ ΚΑΙ ΠΙΠΕΡΙ

ΓΙΑ ΤΗ ΓΕΜΙΣΗ

ΤΗ ΣΥΚΩΤΑΡΙΑ ΑΠΟ ΤΟ ΚΑΤΣΙΚΑΚΙ (ΤΟ ΣΥΚΩΤΙ, ΤΑ ΠΝΕΥΜΟΝΙΑ [ΦΛΙΓΚΟΥΝΟ*] ΚΑΙ, ΓΙΑ ΟΠΟΙΟΝ ΠΡΟΤΙΜΑΕΙ, ΤΑ ΝΕΦΡΑ)
5 ΦΡΕΣΚΑ ΚΡΕΜΜΥΔΑΚΙΑ
30 ΑΥΓΑ, ΤΑ 5 ΒΡΑΣΜΕΝΑ ΣΦΙΧΤΑ
1 ΦΛΙΤΖΑΝΙ ΕΛΑΙΟΛΑΔΟ
1 ΚΟΥΤΑΛΙΑ ΤΗΣ ΣΟΥΠΑΣ ΑΛΑΤΙ
2 ΚΟΥΤΑΛΙΕΣ ΤΗΣ ΣΟΥΠΑΣ ΒΟΥΤΥΡΟ ΓΑΛΑΚΤΟΣ
1 ΧΕΡΙΑ ΦΥΛΛΑΡΑΚΙΑ ΔΥΟΣΜΟ ΦΡΕΣΚΟ ΨΙΛΟΚΟΜΜΕΝΟ
½ ΜΑΤΣΑΚΙ ΑΝΗΘΟ ΨΙΛΟΚΟΜΜΕΝΟ
1 ΚΙΛΟ ΤΥΡΙ ΝΤΟΠΙΟ ΠΕΤΡΩΤΗ* Ή ΜΑΝΟΥΡΙ
1 ΦΛΙΤΖΑΝΙ ΤΥΡΙ ΝΤΟΠΙΟ ΒΟΛΑΚΙ* ΤΡΙΜΜΕΝΟ Ή ΚΕΦΑΛΟΓΡΑΒΙΕΡΑ ΤΡΙΜΜΕΝΗ
1 ΦΛΙΤΖΑΝΙ ΑΝΘΟΤΥΡΟ ΣΕ ΚΥΒΟΥΣ
2 ΤΟΥΦΕΣ ΔΕΝΤΡΟΛΙΒΑΝΟ (ΠΡΟΑΙΡΕΤΙΚΑ)
ΠΙΠΕΡΙ

ΓΙΑ ΤΟ ΡΑΨΙΜΟ

ΣΠΑΓΓΟ Ή ΝΗΜΑ ΚΑΙ ΒΕΛΟΝΑ ΧΟΝΤΡΗ

ΕΚΤΕΛΕΣΗ

- Πλένουμε και σκουπίζουμε το κατσικάκι. Για το γέμισμα, χρησιμοποιούμε μόνο τον κορμό του κατσικιού χωρίς το κεφάλι, το λαιμό, τα χεράκια και τα μπούτια. Αυτά τα κρατάμε για να φτιάξουμε βραστό με σούπα, και ψητό στο φούρνο.
- Τρίβουμε το κρέας με τα λεμόνια μέσα και έξω, αλατίζουμε και πιπερώνουμε.
- Ράβουμε με σφιχτές βελονιές τα σημεία του κορμού που είναι ανοιχτά, στο λαιμό και την κοιλιά. Αφήνουμε ένα μικρό άνοιγμα στο πάνω μέρος του λαιμού για να γεμίσουμε από εκεί το κατσικάκι.
- Το σκεπάζουμε και το βάζουμε στην άκρη ώσπου να φτιάξουμε τη γέμιση.

ΓΙΑ ΤΗ ΓΕΜΙΣΗ

- Ψιλοκόβουμε τα φρέσκα κρεμμυδάκια και τα ξανθαίνουμε σε χαμηλή φωτιά με λίγο λάδι, σε μεγάλη και ψηλή κατσαρόλα.
- Κόβουμε τα πνευμόνια και το συκώτι (και, αν θέλουμε, τα νεφρά) μικρούς κύβους αφαιρώντας τα νευράκια, και τα σωτάρουμε όλα μαζί με τα κρεμμυδάκια.
- Ρίχνουμε στην κατσαρόλα ένα φλιτζάνι χλιαρό νερό και τ' αφήνουμε να μαγειρευτούν σε μέτρια φωτιά 25 λεπτά περίπου.
- Χτυπάμε σε δοχείο 15 αυγά, χαμηλώνουμε τη φωτιά και τα προσθέτουμε στην κατσαρόλα μαζί με το ελαιόλαδο. Ανακατεύουμε με ξύλινη κουτάλα έως ότου πήξουν.
- Προσθέτουμε το δυόσμο, τον άνηθο, αλάτι και πιπέρι.
- Προσθέτουμε το ντόπιο τυρί ή το μανούρι στην κατσαρόλα, μαζί με το τριμμένο τυρί, συνεχίζοντας το ανακάτεμα.
- Προσθέτουμε στο μείγμα άλλα 10 αυγά χτυπημένα καλά και το κατεβάζουμε από τη φωτιά.
- Κρατάμε όρθιο το κατσικάκι και αρχίζουμε να το γεμίζουμε από το άνοιγμα που έχουμε αφήσει (εδώ χρειαζόμαστε βοήθεια: ένας κρατάει κι ένας γεμίζει). Κάθε τόσο προσθέτουμε κι ένα σφιχτό αυγό ώσπου να εξαντληθούν όλα.
- Τέλος, ράβουμε προσεκτικά, με το σπάγγο ή το νήμα, το άνοιγμα του λαιμού.
- Βάζουμε το γεμιστό μας σε ταψί και το αλείφουμε με το βούτυρο. Απλώνουμε πάνω του την μπόλια για να διατηρηθεί δροσερό αλλά και ξεροψημένο. Πάνω στην μπόλια βάζουμε το δεντρολίβανο.
- Σκεπάζουμε το ταψί με αλουμινόχαρτο και το κλείνουμε καλά στις άκρες.
- Ψήνουμε σε δυνατό φούρνο (250°C) την πρώτη μία ώρα για να πήξει η γέμιση.
- Συνεχίζουμε το ψήσιμο σε χαμηλότερο φούρνο (180°C) τέσσερις ώρες ακόμα.
- Αφαιρούμε το αλουμινόχαρτο τα τελευταία 30 λεπτά για ν' αποκτήσει το ψητό μας ροδαλή όψη.
- Βγάζουμε το κατσικάκι από το φούρνο και το αφήνουμε να κρυώσει ώστε να μπορούμε να το κόψουμε σωστά.
- Αφαιρούμε το σπάγγο ή το νήμα και με μεγάλο μαχαίρι κόβουμε φέτες κατά μήκος της ραχοκοκαλιάς και των πλευρών.
- Τοποθετούμε τις φέτες σε πιατέλα και σερβίρουμε το λαμπριάτη κρύο, με κρασί ντόπιο.

Πεντανόστιμο χειμωνιάτικο φαγητό, για γερά στομάχια. Αξιοποιεί άριστα τα υλικά του χειμώνα. Τα πράσα με τη γλυκίζουσα και διακριτική γεύση τους δένουν άριστα με το χοιρινό, ενώ το σέλινο με την έντονα αρωματική παρουσία του ολοκληρώνει τη μοναδικότητα του συνδυασμού.

Σερβίρεται στα χοιροσφάγια αλλά και σε γιορτές, πάντα σε συνδυασμό με τα σύγλινα*. Τα σύγλινα ή χοιρνά* είναι διάφορα μέρη του χοίρου που ψήνονται, καπνίζονται, καβουρντίζονται και στη συνέχεια παραχώνονται μέσα στη γλίνα*. Εκεί διατηρούνται και καταναλώνονται όλο το χρόνο. Συγκεκριμένα, οι λούζες* είναι κομμάτια απ' το φιλέτο του χοίρου (ψαρονέφρι), τα λαρδιά κομμάτια απ' πάχος του, οι ντούες* (πλευρές με λίγο κρέας) και τα σίσιρα*, τα ψαχναδάκια που μένουν μετά το βράσιμο της γλίνας...*

Λούζα πρασοσέλινο

ΥΛΙΚΑ

- 4 ΚΟΜΜΑΤΙΑ ΛΟΥΖΑ
- 5 ΠΡΑΣΑ
- ½ ΚΙΛΟ ΣΕΛΙΝΟ
- 2 ΚΡΕΜΜΥΔΙΑ ΨΙΛΟΚΟΜΜΕΝΑ
- ½ ΦΛΙΤΖΑΝΙ ΕΛΑΙΟΛΑΔΟ
- 4 ΦΛΙΤΖΑΝΙΑ ΝΕΡΟ ΧΛΙΑΡΟ
- ΑΛΑΤΙ ΚΑΙ ΠΙΠΕΡΙ

ΓΙΑ ΤΟ ΑΥΓΟΛΕΜΟΝΟ

- 1 ΑΥΓΟ
- 2 ΛΕΜΟΝΙΑ, ΤΟ ΧΥΜΟ

ΕΚΤΕΛΕΣΗ

- Κόβουμε τα πράσα μεγάλες ροδέλες, τα πλένουμε και τα στραγγίζουμε. Επίσης, πλένουμε το σέλινο, το κόβουμε και το στραγγίζουμε. Καθαρίζουμε και κόβουμε τα κρεμμύδια.
- Ζεσταίνουμε σε κατσαρόλα λίγο ελαιόλαδο σε χαμηλή φωτιά και προσθέτουμε τα πράσα και τα κρεμμύδια ώσπου να μαραθούν και να γυαλίσουν. Στη συνέχεια προσθέτουμε το σέλινο μαζί με τις λούζες, το υπόλοιπο ελαιόλαδο και το νερό. Τ' αφήνουμε να μαγειρευτούν σε μέτρια φωτιά μισή ώρα περίπου.
- Προσθέτουμε αλάτι και πιπέρι και συνεχίζουμε το βράσιμο σε χαμηλή φωτιά ώσπου να χυλώσει η σάλτσα. Κατεβάζουμε την κατσαρόλα από τη φωτιά.
- Για το αυγολέμονο, χτυπάμε σε μπολ το αυγό με το χυμό των λεμονιών. Παίρνουμε ζεστό ζουμί από την κατσαρόλα και το προσθέτουμε κουταλιά κουταλιά στο μπολ χτυπώντας συνέχεια με πιρούνι. Ρίχνουμε το μείγμα μέσα στο φαγητό και ξαναφέρνουμε την κατσαρόλα σε πολύ χαμηλή φωτιά. Την κουνάμε πάνω στο μάτι για ένα λεπτό ώστε το αυγολέμονο να πάει παντού αλλά και να μην κόψει. Σερβίρουμε αμέσως.

Οι Πορτογάλοι άρχισαν να ψαρεύουν συστηματικά τον μπακαλιάρο στα νερά του Ατλαντικού τον 15ο αιώνα. Πρώτοι τον πάστωσαν οι Βάσκοι, ενώ οι Άγγλοι, μάλλον, ήταν αυτοί που εισήγαγαν τον παστό στην Ελλάδα, ανταλλάσσοντάς τον με πελοποννησιακή σταφίδα. Κέρδισε ακόμα και τους νησιώτες, σαν φτηνό και «παντός καιρού» ψάρι. Στη νηστεία της Σαρακοστής τον τρώμε κατά το έθιμο δύο φορές, την ημέρα του Ευαγγελισμού και την Κυριακή των Βαΐων.

Ο παστός μπακαλιάρος, ο «φτωχογιάννης» του Μεσοπολέμου, μετά τον πρόσφατο αλιευτικό περιορισμό, θεωρείται πλέον εκλεκτό έδεσμα. Μαγειρεύεται με πολλούς τρόπους: βραστός, πλακί, τηγανητός με σκορδαλιά, ακόμη και ψητός στα κάρβουνα.

Στην Άνδρο της δεκαετίας του 1930, σε κάποιες βίδες (ελαιοτριβεία) οι ιδιοκτήτες πρόσφεραν στους πελάτες τους, την ώρα που αυτοί περίμεναν υπομονετικά τη σειρά τους, μπακαλιάρο στα κάρβουνα περιχυμένο με λίγες κουταλιές από το φρέσκο λάδι της χρονιάς. Οι Καστριανοί* προτιμούσαν τον μπακαλιάρο ξαστό* (χωρίς πέτσα, τηγανητό σε κροκέτες) ή μαγειρευτό με σέσκουλα (με ή χωρίς αυγολέμονο).*

Μπακαλιάρος με σέσκουλα αυγολέμονο

ΥΛΙΚΑ

- 1 ΚΙΛΟ ΜΠΑΚΑΛΙΑΡΟ ΠΑΣΤΟ (ΚΑΤΑ ΠΡΟΤΙΜΗΣΗ ΜΕ ΚΟΚΑΛΑ)
- 1 ΚΙΛΟ ΣΕΣΚΟΥΛΑ
- 5 ΚΡΕΜΜΥΔΑΚΙΑ ΦΡΕΣΚΑ
- 5 ΚΟΥΤΑΛΙΕΣ ΤΗΣ ΣΟΥΠΑΣ ΕΛΑΙΟΛΑΔΟ

ΓΙΑ ΤΟ ΑΥΓΟΛΕΜΟΝΟ

- 2 ΑΥΓΑ
- 3 ΛΕΜΟΝΙΑ, ΤΟ ΧΥΜΟ

ΕΚΤΕΛΕΣΗ

- Πρώτα ξαλμυρίζουμε τον μπακαλιάρο. Συνήθως αρκεί να τον βάλουμε αποβραδίς σε λεκάνη με κρύο νερό, που θα το αλλάξουμε δυο τρεις φορές. Σημειώστε ότι ο παστός μπακαλιάρος δεν χρειάζεται καθόλου αλάτι στο μαγείρεμα.
- Κόβουμε το ψάρι κομμάτια, όπως είναι, με την πέτσα. Ζεσταίνουμε το ελαιόλαδο σε κατσαρόλα και βάζουμε τα κρεμμυδάκια να μαραθούν σε μέτρια φωτιά. Προσθέτουμε τα κομμάτια του ψαριού και στη συνέχεια ζεστό νερό όσο να σκεπαστούν. Μόλις πάρουν βράση, χαμηλώνουμε τη φωτιά και τα μαγειρεύουμε 25 λεπτά.
- Καθαρίζουμε και πλένουμε τα σέσκουλα και ξεχωρίζουμε τα φύλλα και τα τρυφερά κοτσάνια. Τα προσθέτουμε στην κατσαρόλα και τ' αφήνουμε να βράσουν με το ψάρι 10 λεπτά.
- Όταν ψηθούν, σβήνουμε τη φωτιά και φτιάχνουμε το αυγολέμονο. Χτυπάμε τα αυγά σε μπολ, προσθέτουμε σιγά σιγά το χυμό των λεμονιών και κουταλιές από το ζεστό ζουμί της κατσαρόλας ώστε το αυγολέμονο να ζεσταθεί και να μην κόψει. Περιχύνουμε το ψάρι και τα σέσκουλα και αφήνουμε την κατσαρόλα στο ζεστό μάτι ώσπου να δέσει η σάλτσα.
- Το σερβίρουμε ζεστό σε πιατέλα.

Τα ντολμαδάκια με κιμά και σάλτσα αυγολέμονο είναι επίσημο πιάτο του ανδριώτικου μπουφέ. Σερβίρεται πάντα στα γαμπριάτικα τραπέζια, δηλαδή σ' αυτά που γίνονται από τη μεριά της νύφης, για να τιμήσουν τον γαμπρό και την οικογένειά του με τις καλύτερες περιποιήσεις. Σερβίρεται ακόμη σε ονομαστικές και σε θρησκευτικές εορτές, και προς τιμήν εκλεκτών καλεσμένων - συνήθως προς το τέλος του γεύματος και με το αυγολέμονο να δένεται προσεκτικά λίγα λεπτά πριν.

Ανάλογα με την εποχή, τα ντολμαδάκια φτιάχνονται με σέσκουλα ή/και λάπαθα (το χειμώνα) και με κληματόφυλλα (την άνοιξη και το καλοκαίρι). Όπως και να 'χει, τα φύλλα πρέπει να κοπούν όσο είναι τρυφερά και να μαγειρευτούν σχεδόν αμέσως ώστε ν' αποδώσουν την ξεχωριστή γεύση τους. Ο ανάμεικτος κιμάς, πάλι, τα κάνει πιο αφράτα και πιο νόστιμα.

Ντολμαδάκια αυγολέμονο

ΥΛΙΚΑ

ΓΙΑ ΤΑ ΝΤΟΛΜΑΔΑΚΙΑ

100 ΚΛΗΜΑΤΟΦΥΛΛΑ Ή ΣΕΣΚΟΥΛΑ
750 ΓΡΑΜΜ. ΚΙΜΑ ΜΟΣΧΑΡΙΣΙΟ
250 ΓΡΑΜΜ. ΚΙΜΑ ΧΟΙΡΙΝΟ
½ ΦΛΙΤΖΑΝΙ ΡΥΖΙ ΤΥΠΟΥ ΚΑΡΟΛΙΝΑ
2 ΚΡΕΜΜΥΔΙΑ ΤΡΙΜΜΕΝΑ ΣΤΟΝ ΤΡΙΦΤΗ
2 ΑΣΠΡΑΔΙΑ ΑΥΓΩΝ
½ ΦΛΙΤΖΑΝΙ ΜΑΪΝΤΑΝΟ ΨΙΛΟΚΟΜΜΕΝΟ
5 ΚΟΥΤΑΛΑΚΙΑ ΤΟΥ ΓΛΥΚΟΥ ΒΟΥΤΥΡΟ ΦΡΕΣΚΟ
ΑΛΑΤΙ ΚΑΙ ΠΙΠΕΡΙ

ΓΙΑ ΤΟ ΑΥΓΟΛΕΜΟΝΟ

2 ΚΡΟΚΟΥΣ ΑΥΓΩΝ
2 ΛΕΜΟΝΙΑ, ΤΟ ΧΥΜΟ
1 ΚΟΥΤΑΛΑΚΙ ΤΟΥ ΓΛΥΚΟΥ ΚΟΡΝ ΦΛΑΟΥΡ

ΕΚΤΕΛΕΣΗ

- Πλένουμε και ζεματίζουμε τα φύλλα.Τ' απλώνουμε με τρυπητή κουτάλα σε πιατέλα ή ταψί.
- Σε λεκάνη ζυμώνουμε καλά τα δύο είδη κιμά, το ρύζι, το μαϊντανό, τα κρεμμύδια, τ' ασπράδια, το αλάτι και το πιπέρι.
- Απλώνουμε ένα ένα τα φύλλα πάνω σε πιάτο ή ξύλο, προσέχοντας τα νεύρα τους να είναι από την πάνω πλευρά. Με κουτάλι βάζουμε λίγη γέμιση στην άκρη και τυλίγουμε κάθε ντολμαδάκι προσεκτικά σαν σε φάκελο. Το ίδιο κάνουμε ώσπου να τελειώσουν όλα τα φύλλα και η γέμιση.
- Τοποθετούμε τα ντολμαδάκια στον πάτο μιας μεγάλης κατσαρόλας, πολύ κοντά το ένα στο άλλο χωρίς κενά ώστε να μην ξετυλιχτούν στο βράσιμο. Με τον ίδιο τρόπο συνεχίζουμε και φτιάχνουμε όσες σειρές χρειαζόμαστε. Προσθέτουμε το βούτυρο. Για ασφάλεια, καλύπτουμε τα ντολμαδάκια μ' ένα πιάτο. Για περισσότερο βάρος, βάζουμε, αν θέλουμε, πάνω στο πιάτο ένα βότσαλο ή ένα φλιτζάνι με νερό.
- Προσθέτουμε ζεστό νερό τόσο όσο να καλυφθούν τα ντολμαδάκια, και τ' αφήνουμε να σιγοβράσουν σκεπασμένα. Όταν μείνει 1½ φλιτζάνι περίπου απ' το ζουμί τους, τα κατεβάζουμε από τη φωτιά.
- Χτυπάμε τους κρόκους σε μπολ και προσθέτουμε πρώτα το κορν φλάουρ διαλυμένο σε λίγο κρύο νερό και, συνεχίζοντας το χτύπημα, το χυμό των λεμονιών.
- Παίρνουμε κουταλιές από το ζεστό ζουμί της κατσαρόλας, τις ρίχνουμε στο μπολ με τους κρόκους κι εξακολουθούμε να τα χτυπάμε όλα μαζί φτιάχνοντας έτσι το αυγολέμονο.
- Με το αυγολέμονο που έχουμε στο μπολ περιχύνουμε τα ντολμαδάκια μέσα στην κατσαρόλα.
- Επαναφέρουμε την κατσαρόλα σε χαμηλή φωτιά. Τη μετακινούμε κάθε τόσο πάνω στο μάτι ώστε το αυγολέμονο να πάει παντού και να δέσει χωρίς να κόψει. Σερβίρουμε αμέσως.

Πιάτο αριστοκρατικής καταγωγής από την εποχή της Ενετοκρατίας. Μέχρι και το τέλος της Τουρκοκρατίας, η «θεραπεία» περιστεριών ήταν προνόμιο όσων κατείχαν μεγάλες ιδιοκτησίες γης.

Μεζές επομένως προορισμένος για ολίγους, με το πέρασμα του χρόνου τα πιτσούνια μπήκαν και στο τραπέζι των πολλών, ως εκλεκτό εορταστικό έδεσμα.

Πιτσούνια από την Άνδρο, συντηρημένα μέσα σε μεγάλα δοχεία με λαδόξιδο, έφταναν ώς την Κωνσταντινούπολη, τη Σμύρνη και την Αλεξάνδρεια. Στο μαγείρεμα, για να μαλακώσει το κρέας τους, τα έβραζαν με σόδα.

Πιτσούνια με πιλάφι

ΥΛΙΚΑ

ΓΙΑ ΤΑ ΠΙΤΣΟΥΝΙΑ

3 ΠΙΤΣΟΥΝΙΑ ΚΑΘΑΡΙΣΜΕΝΑ

2 ΦΛΙΤΖΑΝΙΑ ΝΤΟΜΑΤΑ ΦΡΕΣΚΙΑ ΨΙΛΟΚΟΜΜΕΝΗ

1 ΦΛΙΤΖΑΝΙ ΝΕΡΟ ΧΛΙΑΡΟ

2-3 ΚΟΥΤΑΛΙΕΣ ΤΗΣ ΣΟΥΠΑΣ ΒΟΥΤΥΡΟ ΦΡΕΣΚΟ

½ ΠΟΤΗΡΙ ΚΡΑΣΙ (ΚΑΤΑ ΠΡΟΤΙΜΗΣΗ ΑΣΠΡΟ)

1 ΠΡΕΖΑ ΖΑΧΑΡΗ

ΑΛΑΤΙ ΚΑΙ ΠΙΠΕΡΙ

ΓΙΑ ΤΟ ΠΙΛΑΦΙ

1 ΦΛΙΤΖΑΝΙ ΡΥΖΙ ΤΥΠΟΥ ΚΑΡΟΛΙΝΑ

1 ΦΛΙΤΖΑΝΙ ΣΑΛΤΣΑ ΑΠΟ ΤΟ ΜΑΓΕΙΡΕΜΑ ΤΩΝ ΠΙΤΣΟΥΝΙΩΝ

2 ΦΛΙΤΖΑΝΙΑ ΝΕΡΟ Ή ΖΟΥΜΙ ΑΛΛΩΝ ΠΟΥΛΕΡΙΚΩΝ

ΑΛΑΤΙ ΚΑΙ ΠΙΠΕΡΙ

1 ΚΟΥΤΑΛΙΑ ΤΗΣ ΣΟΥΠΑΣ ΒΟΥΤΥΡΟ ΦΡΕΣΚΟ

ΕΚΤΕΛΕΣΗ

- Καθαρίζουμε τα πιτσούνια και καψαλίζουμε τ' απομεινάρια από τα φτερά και τα πούπουλα.
- Σε πλατιά κατσαρόλα λιώνουμε το βούτυρο. Βάζουμε τα πιτσούνια να ροδίσουν 5 λεπτά και τα σβήνουμε με το κρασί. Προσθέτουμε την ντομάτα και το χλιαρό νερό, και τα σκεπάζουμε. Τ' αφήνουμε να μαγειρευτούν σε χαμηλή φωτιά μισή ώρα. Προσθέτουμε το αλάτι, το πιπέρι και τη ζάχαρη, και τ' αφήνουμε 10 λεπτά ακόμη ώσπου να ψηθούν.
- Σε καθαρή κατσαρόλα βάζουμε τη μισή από τη σάλτσα από το μαγείρεμα των πιτσουνιών μαζί με το νερό ή το ζουμί άλλων πουλερικών και τα βράζουμε σε δυνατή φωτιά. Πλένουμε το ρύζι και το προσθέτουμε στην κατσαρόλα, με λίγο αλάτι. Τη σκεπάζουμε και χαμηλώνουμε τη φωτιά αφήνοντας το ρύζι να σιγοβράσει χωρίς να το ανακατεύουμε, ώσπου να πιει όλα τα υγρά.
- Προσθέτουμε το φρέσκο βούτυρο και ανακατεύουμε ελαφρά.
- Σερβίρουμε το πιλάφι σε πιατέλα και συνοδεύουμε με τα πιτσούνια. Τα περιχύνουμε με την υπόλοιπη σάλτσα.
- Τρίβουμε από πάνω λίγο φρέσκο πιπέρι.

Νόστιμος και δυναμωτικός κρασομεζές, σερβίρεται στα χοιροσφάγια την πρώτη, δύσκολη μέρα της δουλειάς. Ο οικοδεσπότης προσφέρει στους καλεσμένους πλούσιο τραπέζι και άφθονο κρασί, για να τους ευχαριστήσει για την πολύτιμη βοήθειά τους.

Αυτός ο τρόπος παρασκευής διατηρεί το συκώτι για λίγες μέρες. Τρώγεται σαν μεζές, ζεστός ή κρύος.

Συκώτι χοιρινό κρασάτο

ΥΛΙΚΑ

1 ΚΙΛΟ ΣΥΚΩΤΙ ΧΟΙΡΙΝΟ

1 ΚΡΕΜΜΥΔΙ ΨΙΛΟΚΟΜΜΕΝΟ

1 ΚΟΥΤΑΛΙΑ ΤΗΣ ΣΟΥΠΑΣ ΝΤΟΜΑΤΟΠΕΛΤΕ (ΠΡΟΑΙΡΕΤΙΚΑ)

3 ΚΟΥΤΑΛΙΕΣ ΤΗΣ ΣΟΥΠΑΣ ΕΛΑΙΟΛΑΔΟ

1 ΦΛΙΤΖΑΝΙ ΚΡΑΣΙ ΚΟΚΚΙΝΟ ΞΗΡΟ

ΑΛΑΤΙ ΚΑΙ ΠΙΠΕΡΙ

ΕΚΤΕΛΕΣΗ

- Πλένουμε το συκώτι, αφαιρούμε προσεκτικά μεμβράνες και πέτσες, και το κόβουμε σε κύβους.
- Βάζουμε το συκώτι σε κατσαρόλα, με όσο νερό τού έχει μείνει από το πλύσιμο, και το μαγειρεύουμε σε χαμηλή φωτιά 10 λεπτά. Προσθέτουμε αλάτι και πιπέρι.
- Προσθέτουμε το κρεμμύδι και το τσιγαρίζουμε με το ελαιόλαδο. Αν θέλουμε, βάζουμε και ντοματοπελτέ διαλυμένο σε λίγο νερό. Στη συνέχεια, ρίχνουμε το κόκκινο κρασί και αφήνουμε το συκώτι στη φωτιά ώσπου να πιει τα υγρά του χωρίς να στεγνώσει (10 λεπτά περίπου).

Αυτό είναι το επίσημο χριστουγεννιάτικο φαγητό, μαζί με τη ζηλαδιά και το βραστό χοιρομέρι, που τρώγονται κρύα. Οι νοικοκυρές φροντίζουν απ' τον Οκτώβρη να έχουν φυλαγμένα στο κατώι τους κυδώνια τυλιγμένα σε χαρτιά, για να τα μαγειρέψουν με το χοιρινό τα Χριστούγεννα.*

Μυρωδάτο πιάτο, με τη γλυκόξινη γεύση και το άρωμα του αρχαίου αυτού φρούτου να ποτίζει το κρέας και να προσφέρει μια εξωτική παραλλαγή.

Ακόμη και τα κουκούτσια των κυδωνιών δεν πήγαιναν κάποτε χαμένα. Οι νοικοκυρές τα έβραζαν κι έφτιαχναν μπριγιαντίνη.

Χοιρινό κυδωνάτο

ΥΛΙΚΑ

- 1 ΚΙΛΟ ΧΟΙΡΙΝΟ ΚΡΕΑΣ (ΣΠΑΛΑ Ή ΛΑΙΜΟ)
- 1 ΚΙΛΟ ΚΥΔΩΝΙΑ
- 1 ΚΟΥΤΑΛΑΚΙ ΤΟΥ ΓΛΥΚΟΥ ΝΤΟΜΑΤΟΠΕΛΤΕ
- ½ ΦΛΙΤΖΑΝΙ ΝΤΟΜΑΤΑ ΦΡΕΣΚΙΑ ΞΕΦΛΟΥΔΙΣΜΕΝΗ ΚΑΙ ΨΙΛΟΚΟΜΜΕΝΗ
- 1 ΦΛΙΤΖΑΝΙ ΚΡΕΜΜΥΔΙ ΨΙΛΟΚΟΜΜΕΝΟ
- 2 ΚΟΥΤΑΛΙΕΣ ΤΗΣ ΣΟΥΠΑΣ ΜΕΛΙ
- 3 ΚΟΥΤΑΛΙΕΣ ΤΗΣ ΣΟΥΠΑΣ ΖΑΧΑΡΗ
- ½ ΦΛΙΤΖΑΝΙ ΕΛΑΙΟΛΑΔΟ
- ΜΠΑΧΑΡΙ
- ΞΥΛΟ ΚΑΝΕΛΑΣ
- ΑΛΑΤΙ ΚΑΙ ΠΙΠΕΡΙ

ΕΚΤΕΛΕΣΗ

- Πλένουμε το χοιρινό και το κόβουμε μικρά κομμάτια.
- Ζεσταίνουμε λίγο ελαιόλαδο σε κατσαρόλα, προσθέτουμε το κρέας και το ροδίζουμε μαζί με το κρεμμύδι. Προσθέτουμε ζεστό νερό ώστε το κρέας να σκεπαστεί και βράζουμε σε μέτρια φωτιά μισή ώρα. Στη συνέχεια προσθέτουμε τον πελτέ, την ντομάτα και το υπόλοιπο ελαιόλαδο, και τ' αφήνουμε να μαγειρευτούν, πάντα σε μέτρια φωτιά, ώσπου το κρέας να μαλακώσει.
- Καθαρίζουμε τα κυδώνια όπως τα μήλα (αφαιρούμε φλούδα και κουκούτσια) και τα κόβουμε μεγάλα κομμάτια (όπως κόβουμε τις «κυδωνάτες» πατάτες για το ψητό). Τα προσθέτουμε στην κατσαρόλα μαζί με τη ζάχαρη, το μέλι και τα μπαχαρικά. Αφήνουμε το φαγητό να σιγοψηθεί σκεπασμένο 20 λεπτά περίπου, ώσπου να χυλώσει η σάλτσα του. Αφαιρούμε το ξύλο της κανέλας.
- Σερβίρουμε σε μεγάλη πιατέλα.

Πιάτο απαραίτητο και πολύ αγαπητό στα χοιροσφάγια. Ο φιδές είναι χερίσιος* και το φτιάξιμό του είναι μία από τις εργασίες που ανατίθενται στα παιδιά. Ενώ οι μεγάλοι στα μαριουλάκια* γεμίζουν λουκάνικα ή καβουρντίζουν σίσιρα*, τα παιδιά είναι απορροφημένα με το φιδέ. Απασχολούνται ευχάριστα και κάθονται ήσυχα μ' αυτό τον τρόπο – άσε που τα δαχτυλάκια τους φτιάχνουν τον πιο λεπτό! Βέβαια, φιδές φτιάχνεται όλο το χρόνο και υπάρχει στα ντουλάπια της κουζίνας για κάθε ενδεχόμενο.*

Χοιρινό με φιδέ

ΥΛΙΚΑ

ΓΙΑ ΤΟ ΦΙΔΕ

500 ΓΡΑΜΜ. ΣΙΜΙΓΔΑΛΙ ΨΙΛΟ
2 ΦΛΙΤΖΑΝΙΑ ΓΑΛΑ ΧΛΙΑΡΟ
2 ΦΛΙΤΖΑΝΙΑ ΑΛΕΥΡΙ ΣΚΛΗΡΟ
1 ΚΟΥΤΑΛΑΚΙ ΤΟΥ ΓΛΥΚΟΥ ΑΛΑΤΙ

ΓΙΑ ΤΟ ΧΟΙΡΙΝΟ ΜΕ ΤΟ ΦΙΔΕ

1 ΚΙΛΟ ΧΟΙΡΙΝΟ (ΣΠΑΛΑ)
3 ΦΛΙΤΖΑΝΙΑ ΝΕΡΟ ΚΡΥΟ
2 ΣΚΕΛΙΔΕΣ ΣΚΟΡΔΟ ΟΛΟΚΛΗΡΕΣ
½ ΦΛΙΤΖΑΝΙ ΕΛΑΙΟΛΑΔΟ
2 ΦΛΙΤΖΑΝΙΑ ΝΕΡΟ ΧΛΙΑΡΟ
ΑΛΑΤΙ ΚΑΙ ΠΙΠΕΡΙ

4 ΦΛΙΤΖΑΝΙΑ ΖΟΥΜΙ ΑΠΟ ΤΟ ΧΟΙΡΙΝΟ
1 ΒΑΘΥ ΠΙΑΤΟ ΦΙΔΕ
ΑΛΑΤΙ ΚΑΙ ΠΙΠΕΡΙ
ΚΑΝΕΛΑ (ΠΡΟΑΙΡΕΤΙΚΑ)

ΕΚΤΕΛΕΣΗ

- Φτιάχνουμε το φιδέ απ' το πρωί. Ρίχνουμε το χλιαρό γάλα σε μικρή λεκάνη, προσθέτουμε το σιμιγδάλι και το αφήνουμε μερικά λεπτά να φουσκώσει. Προσθέτουμε το αλεύρι και το αλάτι, και τα ζυμώνουμε όλα μαζί καλά ώστε να γίνουν ομοιόμορφο ζυμάρι που να μην κολλάει στα χέρια.
- Πλάθουμε το ζυμάρι σε φιδέ πάνω σε ξύλινη επιφάνεια είτε με τα δάχτυλά μας είτε χρησιμοποιώντας τη μηχανή του φιδέ. Απλώνουμε το φιδέ σε λινές πετσέτες και τον αφήνουμε τέσσερις ώρες να στεγνώσει.

- Πλένουμε το κρέας και το κόβουμε μερίδες. Βάζουμε το κρέας με το νερό σε κατσαρόλα να βράσει σε δυνατή φωτιά. Μόλις αρχίσει ο βρασμός, αφαιρούμε τον αφρό με κουτάλα, χαμηλώνουμε λίγο τη φωτιά και αφήνουμε το κρέας να βράσει 20 λεπτά. Αφαιρούμε το κρέας και σουρώνουμε το ζουμί.
- Ζεσταίνουμε το ελαιόλαδο και σοτάρουμε τα κομμάτια το μισοβρασμένο κρέας μαζί με το σκόρδο. Προσθέτουμε το χλιαρό νερό, αλάτι και πιπέρι, σκεπάζουμε την κατσαρόλα και σιγοβράζουμε ώσπου να μαλακώσει το κρέας.

- Μετράμε 4 φλιτζάνια από το ζουμί που έχουμε κρατήσει. Το βράζουμε σε κατσαρόλα και αμέσως μετά προσθέτουμε το φιδέ με λίγο αλάτι. Αφήνουμε το φιδέ να βράσει σκεπασμένος 15 λεπτά ή ωσότου απορροφήσει όλο σχεδόν το ζουμί (να είναι σουλούδικος*).
- Σερβίρουμε το φιδέ μαζί με τα κομμάτια του χοιρινού ζεστά ζεστά, γιατί το χοιρινό λίπος πήζει πολύ εύκολα. Πασπαλίζουμε με πιπέρι και, αν θέλουμε, με λίγη κανέλα.

Με μέλι, πετιμέζι και ζάχαρη μαζί με ντόπια αμύγδαλα, καρύδια και κάθε λογής φρούτα και καρπούς χτίζεται ένας πλούσιος γλυκός κόσμος στο νησί. Οι Ανδριώτες, με τις διατροφικές συνήθειές τους γενικά και με την αφοσίωσή τους στα γλυκά ειδικότερα, φαίνεται πως βρίσκονται πολύ κοντά στην επικούρεια φιλοσοφία περί τέρψης και απόλαυσης.

Στις γιορτές, ονομαστικές και άλλες, προσφέρεται ό,τι καλύτερο διαθέτει η παραγωγή κάθε νοικοκυριού (αποθηκευμένο συνήθως μακριά από το βλέμμα των παιδιών). Τα άσπρα γλυκά συνοδεύουν τις χαρμόσυνες στιγμές, και βέβαια το γάμο: αμυγδαλωτά, καλισούνια*, κουραμπιέδες, σουμάδες και παντεσπάνια, που όλα μαζί γίνονται ορδουνιές* και στέλνονται από τους καλεσμένους πριν από το γάμο στο σπίτι του γαμπρού και στο σπίτι της νύφης.*

Το καλωσόρισμα του επισκέπτη γίνεται με μια κουταλιά γλυκό κι ένα ποτήρι δροσερό νερό. Οι άφθονοι φρέσκοι καρποί, όπως το βύσσινο, το νεραντζάκι και το παμπιλόνι, το καρυδάκι, το σταφύλι, το κυδώνι, αλλά και τα άνθη της λεμονιάς και της τριανταφυλλιάς, όλα μεταμορφώνονται σε γλυκά του κουταλιού, που διατηρούνται για καιρό στα βάζα. Αποτελούν ισχυρή τοπική παράδοση και δεν λείπουν από κανένα ανδριώτικο σπίτι.*

Η θρησκευτική παράδοση και οι ανάγκες των πιστών έφεραν τα πρόσφορα, τους άρτους, την ταχινόπιτα, τη φανουρόπιτα και όλα τα νηστίσιμα γλυκά.

Το παστέλι και το κυδωνόπαστο, φτιαγμένα κι αυτά με υλικά που παράγει ο τόπος, αντανακλούν τη μαγεία των γεύσεων και φυσικά διατηρούνται για πολύ χωρίς ψύξη. Τα φοινίκια, οι αυγόσουπες* και τ' αυγοκαλάμαρα* στολίζουν το τραπέζι των γιορτών και της Αποκριάς.*

Ο τρύγος δίνει το μούστο κι ο μούστος το πετιμέζι, παρασοδιακή γλυκαντική ουσία. Η μουσταλευριά και τα μουστοκούλουρα αξιοποιούν άριστα τα φυσικά αυτά υλικά. Τα σύκα, πάλι, λιαστά ή φουρνιστά, σκέτα ή παστελαριές, είναι από τις πρώτες λιχουδιές για το χειμώνα, και συνοδεύουν περιπάτους και βεγγέρες.*

Τέλος, το άρωμα σε πολλά γλυκά προέρχεται από το ντόπιο ανθόνερο, απόσταγμα από φύλλα και άνθη λεμονιάς ή νεραντζιάς.

ΓΛΥΚΑ

Άσπρα γλυκά

Οι αμυγδαλιές κοσμούν με τα άνθη τους το μήνα Μάρτιο, και τους επόμενους μήνες γεμίζουν με τους καρπούς τους τσουβάλια στα κατώγια των σπιτιών. Με τα αμύγδαλα γίνονται θεσπέσια γλυκά.

Σε κάθε κτήμα υπάρχουν πάντα και δυο τρεις πικραμυγδαλιές· το πικραμύγδαλο είναι απαραίτητο σε ορισμένες συνταγές.

Στο παστέλι, τ' αμυγδαλωτά και τα καλισούνια απαραίτητο είναι το ανθόνερο, που χρησιμοποιείται όμως και σαν χωνευτικό: τρεις σταγόνες σ' ένα ποτήρι νερό. Το φτιάχνουμε αποστάζοντας τα άνθη και τα τρυφερά φύλλα της λεμονιάς και της νεραντζιάς σε ειδικό δοχείο απόσταξης.

Αμυγδαλωτά

ΥΛΙΚΑ

(ΓΙΑ 30 ΚΟΜΜΑΤΙΑ ΠΕΡΙΠΟΥ)

- 1.500 ΓΡΑΜΜ. ΑΜΥΓΔΑΛΟ ΑΣΠΡΙΣΜΕΝΟ
- 1.200 ΓΡΑΜΜ. ΖΑΧΑΡΗ
- 6 ΑΥΓΑ (ΤΑ ΑΣΠΡΑΔΙΑ ΟΛΑ ΚΑΙ 2 ΚΡΟΚΟΥΣ ΜΟΝΟ)
- 2 ΠΟΤΗΡΙΑ ΨΙΧΑ ΤΡΙΜΜΕΝΗ ΑΠΟ ΨΩΜΙ ΑΣΠΡΟ ΜΠΑΓΙΑΤΙΚΟ
- 2 ΠΙΚΡΑΜΥΓΔΑΛΑ ΞΥΣΜΕΝΑ ΣΕ ΨΙΛΟ ΤΡΙΦΤΗ

ΓΙΑ ΤΟ ΡΑΝΤΙΣΜΑ ΚΑΙ ΤΟ ΠΑΣΠΑΛΙΣΜΑ

- 4 ΠΟΤΗΡΙΑ ΑΝΘΟΝΕΡΟ
- 2 ΚΙΛΑ ΖΑΧΑΡΗ ΑΧΝΗ

ΕΚΤΕΛΕΣΗ

- Αλέθουμε το αμύγδαλο σε μύλο του καφέ (ή σε μίξερ) ώσπου να γίνει ψιλό, σε μέγεθος χοντροκομμένου καφέ, και ομοιόμορφο.
- Ανακατεύουμε σε λεκάνη το αμύγδαλο με τη ζάχαρη.
- Χτυπάμε τα ασπράδια σε μπολ να γίνουν μαρέγκα σφιχτή, προσθέτουμε τους κρόκους και ανακατεύουμε το μείγμα με απαλές κινήσεις.
- Ζυμώνουμε την ψίχα του ψωμιού με τα πικραμύγδαλα και την προσθέτουμε στο μπολ με το μείγμα των αυγών.
- Προσθέτουμε το μείγμα του μπολ στο μείγμα της λεκάνης και ανακατεύουμε.
- Πλάθουμε τα αμυγδαλωτά σε μακρόστενο σχήμα.
- Τα τοποθετούμε το ένα κοντά στο άλλο σε ταψί στρωμένο με αντικολλητικό χαρτί και τα ψήνουμε στους 180°C, 25 λεπτά περίπου, ώσπου να ροδίσουν στο επάνω μέρος. Τ' αφήνουμε να κρυώσουν.
- Τα βουτάμε ένα ένα για 4-5 δευτερόλεπτα σε μπολ με το ανθόνερο και τα απλώνουμε σε χαρτί κουζίνας για ν' απορροφηθεί η παραπανίσια υγρασία.
- Κοσκινίζουμε την άχνη ζάχαρη σε μπολ και περνάμε τα αμυγδαλωτά από μέσα. Τα τοποθετούμε ένα ένα σε ταψί.
- Την επόμενη μέρα επαναλαμβάνουμε το ζαχάρωμα.Τα αμυγδαλωτά μας πρέπει να είναι ομοιόμορφα και καλά σκεπασμένα με ζάχαρη όταν τα σερβίρουμε.
- Τα φυλάμε σε κουτιά.
- Τα παρουσιάζουμε σε γυάλινες πιατέλες, κατά προτίμηση τυλιγμένα σε ζελατίνη, για να μπορούν οι επισκέπτες να τα πάρουν εύκολα μαζί τους φεύγοντας.

Άσπρα γλυκά και αυτά, φτιάχνονται από τα λεπτά χέρια νεαρών κοριτσιών, που μαθαίνουν και βοηθούν δίπλα στις τεχνίτρες νοικοκυρές. Όταν έρθει «η ώρα η καλή», μικροί μεγάλοι ανασκουμπώνονται και συμμετέχουν στις ετοιμασίες του γάμου. Τα καλισούνια* είναι εξαιρετικό γλυκό και για τις νηστείες, αφού φτιάχνονται με καρύδι, μέλι και ψωμί.*

Προσφέρονται στις χαρές, τους γάμους και τα βαφτίσια, σε ονομαστικές γιορτές, ακόμη και σε ναυπηγήσεις καϊκιών και ιστιοφόρων. Στα καπετανόσπιτα των χωριών και της Χώρας τα «καλορίζικα» λέγονται με γλυκίσματα απ' τα χέρια της νοικοκυράς.

Καλισούνια

ΥΛΙΚΑ

- 8 ΠΟΤΗΡΙΑ ΚΑΡΥΔΙ ΨΙΛΟΚΟΜΜΕΝΟ
- 4 ΠΟΤΗΡΙΑ ΨΙΧΑ ΤΡΙΜΜΕΝΗ ΑΠΟ ΨΩΜΙ ΑΣΠΡΟ ΜΠΑΓΙΑΤΙΚΟ
- 3 ΠΟΤΗΡΙΑ ΖΑΧΑΡΗ
- 1 ΠΟΤΗΡΙ ΜΕΛΙ
- ½ ΠΟΤΗΡΙ ΝΕΡΟ
- 1 ΦΛΙΤΖΑΝΑΚΙ ΤΟΥ ΚΑΦΕ ΚΟΥΚΟΥΝΑΡΙ
- ½ ΚΑΡΠΟ ΜΟΣΧΟΚΑΡΥΔΟΥ ΤΡΙΜΜΕΝΟ
- 1 ΚΟΥΤΑΛΑΚΙ ΤΟΥ ΓΛΥΚΟΥ ΓΑΡΙΦΑΛΑ ΚΟΠΑΝΙΣΜΕΝΑ
- 1 ΚΟΥΤΑΛΑΚΙ ΤΟΥ ΓΛΥΚΟΥ ΚΑΝΕΛΑ
- 1 ΚΟΥΤΑΛΑΚΙ ΤΟΥ ΓΛΥΚΟΥ ΛΙΚΕΡ (ΑΠΟ ΤΑ ΝΤΟΠΙΑ ΣΠΙΤΙΚΑ) Ή ΑΝΘΟΝΕΡΟ
- ½ ΚΙΛΟ ΦΥΛΛΟ ΚΡΟΥΣΤΑΣ
- 1 ΚΙΛΟ ΖΑΧΑΡΗ ΑΧΝΗ

ΕΚΤΕΛΕΣΗ

- Σε μεγάλο μπολ ανακατεύουμε το καρύδι, την ψίχα, το κουκουνάρι, το μοσχοκάρυδο, το γαρίφαλο και την κανέλα.
- Βάζουμε τη ζάχαρη, το μέλι και το νερό σε μεγάλη κατσαρόλα να βράσουν και να γίνουν σιρόπι. Δοκιμάζουμε το δέσιμο με τον τρόπο που περιγράφεται στη συνταγή για το παστέλι (βλ. σ. 112).
- Όταν το σιρόπι είναι έτοιμο, προσθέτουμε στην κατσαρόλα το μείγμα με το καρύδι και τα άλλα υλικά καθώς και το λικέρ ή το ανθόνερο. Ανακατεύουμε καλά.
- Απλώνουμε τα φύλλα της κρούστας και τα κόβουμε σε λωρίδες πλάτους 10 εκ. Σε κάθε λωρίδα ακουμπάμε μία κουταλιά της σούπας μείγμα ανά 10 εκ. και διπλώνουμε μία φορά. Έτσι έχουμε πέντε καλισούνια περίπου τη σειρά. Τα ξεχωρίζουμε πιέζοντας την κρούστα καθενός με τα χείλη ποτηριού. Τα τυλίγουμε όπως τις καραμέλες, βρέχοντας τα δάχτυλά μας με ανθόνερο για να κολλήσουν οι άκρες, και τους δίνουμε ελαφρώς μακρόστενο σχήμα.
- Βάζουμε τα καλισούνια πάνω σε πλαστήρα* και περιμένουμε να στεγνώσει το φύλλο τους (μία ώρα περίπου). Στη συνέχεια τα βουτάμε ένα ένα σε μπολ με ανθόνερο και, ενόσω είναι υγρά, τα ζαχαρώνουμε περνώντας τα από το μπολ με την άχνη ζάχαρη. Τα αφήνουμε σκεπασμένα με τουλπάνι ή τούλι.

Αυτό το χιονάτο κι εύθραυστο γλύκισμα σερβίρεται στους γάμους και στις ονομαστικές γιορτές. Η προετοιμασία του κουραμπιέ είναι η ασφαλέστερη εισαγωγή στο πνεύμα των Χριστουγέννων.

Οι νοικοκυρές συνήθιζαν να φτιάχνουν βουνά κουραμπιέδες και να τα στέλνουν ορδουνιές στο σπίτι του γαμπρού ή της νύφης.*

Η παρακάτω συνταγή είναι μικρή παραλλαγή μιας παλαιότερης. Το φρέσκο βούτυρο αντικαθιστά εδώ την ανάλατη γλίνα που χρησιμοποιούσαν τότε.*

Κουραμπιέδες

ΥΛΙΚΑ

2 ΦΛΙΤΖΑΝΙΑ ΒΟΥΤΥΡΟ ΦΡΕΣΚΟ
4 ΦΛΙΤΖΑΝΙΑ ΑΛΕΥΡΙ ΜΑΛΑΚΟ
2 ΦΛΙΤΖΑΝΙΑ ΑΜΥΓΔΑΛΟ ΑΣΠΡΙΣΜΕΝΟ
$^3/_4$ ΦΛΙΤΖΑΝΙΟΥ ΖΑΧΑΡΗ ΨΙΛΗ
2 ΚΡΟΚΟΥΣ ΑΥΓΩΝ
1 ΦΛΙΤΖΑΝΑΚΙ ΤΟΥ ΚΑΦΕ ΤΣΙΠΟΥΡΟ
1 ΦΛΙΤΖΑΝΑΚΙ ΤΟΥ ΚΑΦΕ ΑΛΙΣΙΒΑ (ΒΛ. ΕΚΤΕΛΕΣΗ)

1 ΦΛΙΤΖΑΝΙ ΑΝΘΟΝΕΡΟ ΓΙΑ ΤΟ ΡΑΝΤΙΣΜΑ
1 ΚΙΛΟ ΖΑΧΑΡΗ ΑΧΝΗ ΓΙΑ ΤΟ ΠΑΣΠΑΛΙΣΜΑ

ΕΚΤΕΛΕΣΗ

- Πρώτα ετοιμάζουμε την αλισίβα. Παίρνουμε μια χούφτα (3 κουταλιές της σούπας περίπου) στάχτη καθαρή από το τζάκι όπου έχουμε κάψει ξύλα. Την κοσκινίζουμε, για να μην της μείνουν κομματάκια κάρβουνο, και τη βάζουμε να πάρει μια βράση σε κατσαρολάκι μ' ένα ποτήρι νερό. Σβήνουμε τη φωτιά, αφήνουμε το περιεχόμενο να κατασταλάξει και το περνάμε από τουλπάνι. Η αλισίβα είναι έτοιμη.
- Καβουρντίζουμε τα αμύγδαλα ολόκληρα σε φούρνο στους 180°C, 15 λεπτά (ώσπου να ροδίσουν) και τα κόβουμε με λεπτό μαχαιράκι σε μέγεθος της αρεσκείας μας. Εναλλακτικά, χρησιμοποιούμε μπλέντερ. Αφήνουμε και λίγα ολόκληρα, γιατί είναι ευχάριστο να βρίσκει κανείς ένα την ώρα που δαγκώνει τον κουραμπιέ του.
- Λιώνουμε το βούτυρο σε κατσαρολάκι, το ρίχνουμε σε πήλινη λεκάνη και το δουλεύουμε στο χέρι ώσπου ν' ασπρίσει. Σημειώστε ότι το δούλεμα με τη ζέστη από το χέρι βοηθάει στην επιτυχία του κουραμπιέ.
- Προσθέτουμε τους κρόκους. Εξακολουθούμε να δουλεύουμε το μείγμα προσθέτοντας σιγά σιγά τη ζάχαρη, τα αμύγδαλα, το τσίπουρο και την αλισίβα. Συνεχίζουμε προσθέτοντας λίγο λίγο και το αλεύρι. Όταν τελειώσουμε, πρέπει να έχουμε μια ομοιόμορφη μαλακιά μάζα.
- Πλάθουμε τους κουραμπιέδες σε ό,τι σχήμα θέλουμε (αγαπημένο στην Άνδρο το σχήμα S) και τους βάζουμε σε λαμαρίνα ή ταψί, όχι βουτυρωμένο.
- Τους ψήνουμε στους 180°C, 20 λεπτά.
- Τους βγάζουμε από το φούρνο και ενώ τους έχουμε ακόμη στο ταψί και είναι χλιαροί, τους ραντίζουμε με ανθόνερο.
- Όταν κρυώσουν, τους περνάμε από την άχνη ζάχαρη (κοσκινισμένη σε λεκάνη) ώστε να ζαχαρωθούν απ' όλες τις πλευρές.
- Τους σερβίρουμε σε σειρές σε πιατέλα και τους πασπαλίζουμε ξανά με ζάχαρη άχνη την επόμενη μέρα.
- Για να διατηρηθούν φρέσκοι και τραγανοί, τους φυλάμε σε κουτιά σε βορεινό δωμάτιο.

Το παντεσπάνι (< γαλλ. pain d'Espagne) προσφέρεται, όπως και τα υπόλοιπα άσπρα γλυκά, σε χαρές (γάμους, βαφτίσια, αρραβώνες) και σε ονομαστικές γιορτές. Παλιότερα, στις ορδουνιές* του γαμπρού υπήρχαν πάντοτε πανέρια γεμάτα κουφέτα, κουραμπιέδες, αμυγδαλωτά, καλισούνια* και παντεσπάνια. Τα παντεσπάνια προορίζονταν για μεγάλο κάλεσμα*, γι'αυτό και οι στενοί συγγενείς, που συμμετείχαν στις προετοιμασίες, τα έφτιαχναν σε λαμαρίνες. Δεν έλειπε όμως η συμβολή και του υπόλοιπου καλέσματος*, με στρογγυλό ταψάκι παντεσπάνι από κάθε νοικοκυριό. Τα παιδιά του χωριού ή της Χώρας κουβαλούσαν όλα μαζί τα γλυκά στο σπίτι του γαμπρού πριν από την τελετή. «Ζαλισμένα» από τη ζάχαρη, δεν έπρεπε να λοξοδρομήσουν ή να ξεχαστούν κάπου, γιατί τα γλυκά του γάμου κινδύνευαν να διαλυθούν κι ο κόπος των μανάδων τους να πάει χαμένος... Η εντολή ήταν σαφής: «... και ίσια στο σπίτι του γαμπρού!»*

Παντεσπάνι

ΥΛΙΚΑ

ΓΙΑ ΤΟ ΠΑΝΤΕΣΠΑΝΙ (ΒΑΣΗ)

- 1½ ΦΛΙΤΖΑΝΙ ΑΛΕΥΡΙ ΠΟΥ ΦΟΥΣΚΩΝΕΙ ΜΟΝΟ ΤΟΥ
- 1½ ΦΛΙΤΖΑΝΙ ΖΑΧΑΡΗ
- 6 ΑΥΓΑ
- 2 ΛΕΜΟΝΙΑ, ΤΟ ΞΥΣΜΑ
- 1 ΚΟΥΤΑΛΑΚΙ ΤΟΥ ΓΛΥΚΟΥ ΚΟΝΙΑΚ (ΠΡΟΑΙΡΕΤΙΚΑ)
- ΒΟΥΤΥΡΟ ΚΑΙ ΓΑΛΕΤΑ ΓΙΑ ΤΟ ΤΑΨΙ

ΓΙΑ ΤΟ ΓΛΑΣΟ ΖΑΧΑΡΗΣ

- 3 ΦΛΙΤΖΑΝΙΑ ΖΑΧΑΡΗ
- 2 ΚΟΥΤΑΛΑΚΙΑ ΤΟΥ ΓΛΥΚΟΥ ΧΥΜΟ ΛΕΜΟΝΙ
- ½ ΦΛΙΤΖΑΝΙ ΝΕΡΟ

ΓΙΑ ΤΟ ΓΛΑΣΟ ΒΟΥΤΥΡΟΥ

- ½ ΦΛΙΤΖΑΝΙ ΒΟΥΤΥΡΟ ΦΡΕΣΚΟ
- 2 ΑΣΠΡΑΔΙΑ ΑΥΓΩΝ
- ½ ΦΛΙΤΖΑΝΙ ΖΑΧΑΡΗ
- 1 ΦΑΚΕΛΑΚΙ ΒΑΝΙΛΙΑ

ΠΑΝΤΕΣΠΑΝΙ ΜΕ ΑΠΛΟ ΑΛΕΥΡΙ ΥΛΙΚΑ

- 2 ΦΛΙΤΖΑΝΙΑ ΑΛΕΥΡΙ ΜΑΛΑΚΟ Ή ΓΙΑ ΟΛΕΣ ΤΙΣ ΧΡΗΣΕΙΣ
- 1½ ΦΛΙΤΖΑΝΙ ΖΑΧΑΡΗ
- 8 ΑΥΓΑ
- 2 ΚΟΥΤΑΛΙΕΣ ΤΗΣ ΣΟΥΠΑΣ ΒΟΥΤΥΡΟ ΦΡΕΣΚΟ
- 3 ΦΑΚΕΛΑΚΙΑ ΒΑΝΙΛΙΑ
- 1 ΚΟΥΤΑΛΑΚΙ ΤΟΥ ΓΛΥΚΟΥ ΜΠΕΪΚΙΝ ΠΑΟΥΝΤΕΡ
- ΒΟΥΤΥΡΟ ΚΑΙ ΓΑΛΕΤΑ ΓΙΑ ΤΟ ΤΑΨΙ

ΕΚΤΕΛΕΣΗ

ΓΙΑ ΤΟ ΠΑΝΤΕΣΠΑΝΙ (ΒΑΣΗ)

- Χωρίζουμε τους κρόκους από τα ασπράδια και τα βάζουμε σε δύο μπολ.
- Χτυπάμε τη ζάχαρη με τους κρόκους και αμέσως μετά τα ασπράδια μαρέγκα σφιχτή.
- Ρίχνουμε το ξύσμα των λεμονιών στους κρόκους και ανακατεύουμε καλά. Προσθέτουμε το αλεύρι. Αφού πετύχουμε ομοιόμορφο μείγμα, προσθέτουμε τη μαρέγκα με απαλές κινήσεις. Εάν θέλουμε, ρίχνουμε τελευταίο και το κονιάκ.
- Χρησιμοποιούμε ταψί στρογγυλό διαμέτρου 28 εκ. και ύψους 6 εκ. Το αλείφουμε με βούτυρο και το πασπαλίζουμε με γαλέτα. Αδειάζουμε το μείγμα στο ταψί και το ψήνουμε στους 180°C, 45 λεπτά. Όταν κρυώσει, γυρίζουμε το ταψί ανάποδα, τοποθετούμε το παντεσπάνι σε μεγάλη στρογγυλή πιατέλα και το γαρνίρουμε με γλάσο.

ΓΙΑ ΤΟ ΓΛΑΣΟ ΖΑΧΑΡΗΣ

- Βάζουμε τη ζάχαρη με το νερό σε κατσαρόλα να βράσουν σε μέτρια φωτιά 10 λεπτά περίπου.
- Προσθέτουμε το χυμό λεμόνι και όταν το σιρόπι αρχίσει να κάνει φουσκάλες, δοκιμάζουμε το δέσιμο με το τεστ της σταγόνας (βλ. συνταγή «Άνθος γλυκό», σ. 117).
- Κατεβάζουμε την κατσαρόλα από τη φωτιά κι αφού το σιρόπι μισοκρυώσει, αρχίζουμε να το γυρίζουμε με ξύλινη κουτάλα μέχρις ότου ασπρίσει και πήξει, γίνει δηλαδή γλάσο. Προσοχή: οι κυκλικές κινήσεις του χεριού μας πάντα προς μία κατεύθυνση.
- Χρησιμοποιώντας σπάτουλα, απλώνουμε το γλάσο, χλιαρό, ομοιόμορφα πάνω στο παντεσπάνι.

ΓΙΑ ΤΟ ΓΛΑΣΟ ΒΟΥΤΥΡΟΥ

- Σε μεταλλικό μπολ χτυπάμε το βούτυρο, τα ασπράδια και τη ζάχαρη με ξύλινη κουτάλα. Προσθέτουμε τη βανίλια.
- Τοποθετούμε το μπολ πάνω σε κατσαρόλα με νερό που βράζει για να ζεσταθεί το μείγμα από τους υδρατμούς, και ανακατεύουμε ελαφρά.
- Αδειάζουμε το περιεχόμενο σε γυάλινο μπολ και το χτυπάμε δυνατά, πάντα προς μία κατεύθυνση, έως ότου πήξει και ασπρίσει.
- Το απλώνουμε ομοιόμορφα πάνω στο παντεσπάνι.

Γιορτινά γλυκά

Η Αποκριά γιορταζόταν πάντοτε στο νησί με γλέντια και ειδικά γλυκά. Εάν τα σπίτια δεν άνοιγαν μια χρονιά και δεν γίνονταν οι καθιερωμένοι εορτασμοί, ο λόγος ήταν ασφαλώς σοβαρός και οι τοπικές εφημερίδες δεν παρέλειπαν ν' αναφερθούν στο γεγονός.

Τα αυγοκαλάμαρα (<αυγό+καλαμάρι), οι γνωστές δίπλες, είναι το κατεξοχήν γλυκό της Αποκριάς. Δαντελωτό, φτιαγμένο από φυσαλίδες και ιδέες μασκαράτας. Ένας αφρός με μέλι, που στο δάγκωμα υποχωρεί και γεμίζει με τη γεύση του το στόμα.*

Αυγοκαλάμαρα

ΥΛΙΚΑ

ΓΙΑ ΤΑ ΑΥΓΟΚΑΛΑΜΑΡΑ (ΠΕΡΙΠΟΥ 30)

3 ΑΥΓΑ
ΑΛΕΥΡΙ ΣΚΛΗΡΟ ΟΣΟ ΣΗΚΩΣΕΙ (½ ΚΙΛΟ ΤΟ ΛΙΓΟΤΕΡΟ)
⅓ ΚΟΥΤΑΛΑΚΙ ΤΟΥ ΓΛΥΚΟΥ ΑΛΑΤΙ
½ ΚΟΥΤΑΛΑΚΙ ΤΟΥ ΓΛΥΚΟΥ ΕΛΑΙΟΛΑΔΟ

ΣΠΟΡΕΛΑΙΟ ΓΙΑ ΤΟ ΤΗΓΑΝΙΣΜΑ

ΓΙΑ ΤΟ ΣΙΡΟΠΙ

2 ΠΟΤΗΡΙΑ ΖΑΧΑΡΗ
2 ΚΟΥΤΑΛΙΕΣ ΤΗΣ ΣΟΥΠΑΣ ΜΕΛΙ
½ ΠΟΤΗΡΙ ΝΕΡΟ

ΓΙΑ ΤΟ ΣΕΡΒΙΡΙΣΜΑ

ΚΑΡΥΔΙ ΨΙΛΟΚΟΜΜΕΝΟ
ΚΑΝΕΛΑ

ΕΚΤΕΛΕΣΗ

- Βάζουμε τα αυγά σε λεκάνη και προσθέτουμε το αλεύρι, αφού το κοσκινίσουμε. Τρίβουμε τη ζύμη με τα δάχτυλα. Αλεύρι βάζουμε όσο σηκώσει. Προσοχή: προς το τέλος, η ζύμη πρέπει να ξεκολλάει από τη λεκάνη κι από τα χέρια μας. Τη σκεπάζουμε με καθαρή πετσέτα και την αφήνουμε μία ώρα να ρεμήσει.
- Χωρίζουμε τη ζύμη σε μικρές μπάλες (μεγέθους πινγκ-πονγκ) και με τον πλάστη τις ανοίγουμε μία μία σε φύλλα όσο πιο λεπτά γίνεται, πασπαλίζοντάς τα με αλεύρι και προσέχοντας να μη σκιστούν.
- Κόβουμε τα φύλλα σε ορθογώνια κομμάτια 10x5 εκ. Τις γωνίες που περισσεύουν τις ανοίγουμε ξανά σε φύλλο.
- Σε μεγάλο τηγάνι ρίχνουμε μπόλικο λάδι ώστε τα φύλλα να βυθίζονται.
- Όταν κάψει καλά το λάδι, τηγανίζουμε τα φύλλα σε δυνατή φωτιά πιέζοντας με δύο πιρούνια τις άκρες τους προς τα κάτω.
- Ενώ η ζύμη κρατιέται ακόμη μαλακιά, στρίβουμε με γρηγοράδα και προσοχή: κάθε φύλλο δύο και τρεις φορές, δίνοντάς του σχήμα από διπλωμένο μαντίλι. Τηγανίζουμε κι από τις δύο πλευρές ώσπου τα αυγοκαλάμαρά μας να χρυσίσουν.
- Τα τοποθετούμε προσεκτικά σε πιατέλα αφού πρώτα τα αφήσουμε για λίγο σε χαρτί κουζίνας για να φύγει το παραπανίσιο λάδι.
- Βάζουμε σε κατσαρόλα τα υλικά για το σιρόπι και το βράζουμε σε μέτρια φωτιά. Όταν αρχίσει να δένει (σε 10 λεπτά περίπου), το κατεβάζουμε και το αφήνουμε να κρυώσει.
- Βουτάμε τα αυγοκαλάμαρα στο σιρόπι ένα ένα με τρυπητή κουτάλα για ένα δευτερόλεπτο και ύστερα τα τοποθετούμε προσεκτικά σε μεγάλη πιατέλα.
- Τα σερβίρουμε με άφθονο ψιλοκομμένο καρύδι και κανέλα.
- Για να διατηρηθούν τραγανά, τα κρατάμε στεγνά και λίγο προτού τα σερβίρουμε, τους προσθέτουμε το σιρόπι, το καρύδι και την κανέλα.

Οι αυγόσουπες είναι κι αυτές αποκριάτικο γλυκό, πιο απλό και καθημερινό από τ' αυγοκαλάμαρα*. Ανήκει στα γλυκά που χάνονται στο βάθος του χρόνου, αλλά που μέχρι σήμερα είναι πολύ προσφιλή. Το βράδυ της Τσικνοπέμπτης και όλη την τελευταία Αποκριά, στα σπίτια στρώνεται τραπέζι με γλυκά και μεζέδες για να υποδεχτεί τους μασκαράδες. Οι οικοδεσπότες βρίσκουν την ευκαιρία να διακρίνουν ποιος κρύβεται πίσω από τη μάσκα όταν «οι άγνωστοι» τη σηκώνουν ελαφρά για να δοκιμάσουν τα λαχταριστά γλυκά της νοικοκυράς.*

Αυγόσουπες

ΥΛΙΚΑ

ΓΙΑ ΤΙΣ ΑΥΓΟΣΟΥΠΕΣ

- 4 ΦΕΤΕΣ ΨΩΜΙ ΑΣΠΡΟ ΜΠΑΓΙΑΤΙΚΟ Ή ΠΑΞΙΜΑΔΙΑ ΧΟΝΤΡΑ ΑΣΠΡΑ
- 1 ΦΛΙΤΖΑΝΙ ΓΑΛΑ
- 2 ΚΟΥΤΑΛΙΕΣ ΤΗΣ ΣΟΥΠΑΣ ΖΑΧΑΡΗ
- 2 ΑΥΓΑ

ΓΙΑ ΤΟ ΣΙΡΟΠΙ

- 1 ΦΛΙΤΖΑΝΙ ΖΑΧΑΡΗ
- 2 ΚΟΥΤΑΛΙΕΣ ΤΗΣ ΣΟΥΠΑΣ ΜΕΛΙ
- 1 ΦΛΙΤΖΑΝΙ ΝΕΡΟ

ΚΑΝΕΛΑ ΓΙΑ ΤΟ ΠΑΣΠΑΛΙΣΜΑ

ΕΚΤΕΛΕΣΗ

- Χτυπάμε τα αυγά σε βαθύ μπολ.
- Σε δεύτερο βαθύ μπολ διαλύουμε τη ζάχαρη με το γάλα.
- Περνάμε τις φέτες του ψωμιού ή τα παξιμάδια πρώτα από το γάλα και ύστερα από το αυγό. Φροντίζουμε να βραχούν καλά και από τις δύο πλευρές.
- Έχουμε έτοιμο τηγάνι με καυτό λάδι. Τηγανίζουμε τις φέτες σε δυνατή φωτιά ώσπου να ροδίσουν ελαφρά και από τις δύο πλευρές.
- Με τρυπητή κουτάλα τις τοποθετούμε μία μία σε πιατέλα.
- Φτιάχνουμε το σιρόπι βράζοντας το νερό με τη ζάχαρη και το μέλι 10 λεπτά περίπου σε μέτρια φωτιά, ώσπου να δέσει ελαφρά. Το αφήνουμε να κρυώσει λίγο.
- Περιχύνουμε τις αυγόσουπες με το χλιαρό σιρόπι και τις πασπαλίζουμε με κανέλα.

Ο πρίγκιπας των γλυκών της Άνδρου, το παστέλι, φτιάχνεται τις τελευταίες μέρες του χρόνου –πάντοτε μετά τα Χριστούγεννα– για να υποδεχτεί την Πρωτοχρονιά. Οι νοικοκυρές βάζουν το καλύτερο καρύδι, το καλύτερο μέλι (μπρίλα και μυρωδάτο), και όλη τους τη μαστοριά. Ανάμεσα σε συγγενείς και γειτόνισσες διεξάγεται ένας ανεπίσημος αλλά σκληρός διαγωνισμός για «το καλύτερο παστέλι». Οι μαστόρισσες δεν κρύβονται.*

Το ανδριώτικο παστέλι είναι πλούσιο και πολύ γευστικό γιατί έχει ένα μέρος μέλι (μαζί με λίγη ζάχαρη) και δύο μέρη καρύδι. Το σουσάμι μπαίνει μόνο στην επιφάνεια. Το κόβουμε σε μεγάλους και παχείς ρόμβους και το προσφέρουμε πάνω σε φρέσκα φύλλα λεμονιάς.

Δεν ξεχνάμε να κρατήσουμε μερικά κομμάτια για τη νηστεία της Μεγάλης Εβδομάδας.

Παστέλι

ΥΛΙΚΑ

- 3/4 ΠΟΤΗΡΙΟΥ ΜΕΛΙ ΑΓΝΟ (ΚΑΤΑ ΠΡΟΤΙΜΗΣΗ ΘΥΜΑΡΙΣΙΟ)
- 1/4 ΠΟΤΗΡΙΟΥ ΖΑΧΑΡΗ
- 2 ΠΟΤΗΡΙΑ ΚΑΡΥΔΙ
- 3 ΚΟΥΤΑΛΙΕΣ ΤΗΣ ΣΟΥΠΑΣ ΦΡΥΓΑΝΙΑ ΤΡΙΜΜΕΝΗ
- 50 ΓΡΑΜΜ. ΑΜΥΓΔΑΛΟ ΑΣΠΡΙΣΜΕΝΟ
- 50 ΓΡΑΜΜ. ΚΟΥΚΟΥΝΑΡΙ
- 1/4 ΚΑΡΠΟΥ ΜΟΣΧΟΚΑΡΥΔΟ ΤΡΙΜΜΕΝΟ
- 500 ΓΡΑΜΜ. ΣΟΥΣΑΜΙ ΦΥΣΙΚΟ Ή ΛΕΥΚΟ ΑΠΟΦΛΟΙΩΜΕΝΟ
- 2 ΦΛΙΤΖΑΝΙΑ ΑΝΘΟΝΕΡΟ

ΕΚΤΕΛΕΣΗ

- Καθαρίζουμε το καρύδι. Το τρίβουμε με τον πλάστη ώστε να θρυμματιστεί.
- Ψιλοκόβουμε τα αμύγδαλα στο μέγεθος κουκουναριού.
- Καθαρίζουμε το σουσάμι.
- Αναμειγνύουμε σε λεκάνη το καρύδι, τα αμύγδαλα, το κουκουνάρι, τη φρυγανιά και το μοσχοκάρυδο.
- Ρίχνουμε το μέλι και τη ζάχαρη σε ψηλή κατσαρόλα και τα ανακατεύουμε σε μέτρια φωτιά με ξύλινη κουτάλα. Προσοχή: το μέλι φουσκώνει.
- Στάζουμε μερικές σταγόνες μέλι σε ποτήρι με κρύο νερό. Άμα το μέλι είναι σωστά δεμένο (δηλαδή αρκετά σκληρό για να συγκρατεί το καρύδι αλλά και αρκετά ελαστικό για να τρώγεται το παστέλι ευχάριστα), γίνεται μπαλίτσα στον πάτο του ποτηριού. Αν όχι, οι σταγόνες απλώνονται στον πάτο, και το μείγμα χρειάζεται να μείνει στη φωτιά περισσότερο.
- Μόλις πετύχουμε το δέσιμο, ρίχνουμε στην κατσαρόλα τα υλικά της λεκάνης και τα ανακατεύουμε ώστε να μελωθούν καλά και το μείγμα να είναι ομοιόμορφο. Το κατεβάζουμε αμέσως από τη φωτιά.
- Παίρνουμε έναν πλαστήρα* μεγέθους 100x60 εκ. και τον βρέχουμε με το ανθόνερο. Ρίχνουμε επάνω το μισό σουσάμι και το απλώνουμε ομοιόμορφα με το χέρι μας.
- Επάνω στο απλωμένο σουσάμι αδειάζουμε το περιεχόμενο της κατσαρόλας έτσι όπως είναι ζεστό.
- Απλώνουμε το υπόλοιπο σουσάμι στην επάνω επιφάνεια του μείγματος. Με το χέρι μας, που το βρέχουμε κάθε τόσο με ανθόνερο, χτυπάμε καλά την επιφάνεια για να κολλήσει το σουσάμι και η ίδια να γίνει στρωτή και γυαλιστερή.
- Μόλις κρυώσει λίγο το παστέλι, το χαράζουμε με μεγάλο μαχαίρι και αρχίζουμε να το κόβουμε σε ρόμβους. Για να κόβεται ευκολότερα και με ακρίβεια, βυθίζουμε κάθε τόσο τη λεπίδα σε ποτήρι με ζεστό νερό.
- Τοποθετούμε το παστέλι σε γυάλινη πιατέλα στρωμένη με φρέσκα φύλλα λεμονιάς, ένα κομμάτι πάνω σε κάθε φύλλο.

Αγαπημένο γλυκό των Χριστουγέννων και της Πρωτοχρονιάς, το «έτερον ήμισυ» του κουραμπιέ. Παρόμοια με τα μελομακάρονα, τα φοινίκια γίνονται με αλεύρι αλλά και σιμιγδάλι, χωρίς χυμό πορτοκάλι. Οι Ανδριώτισσες τα φτιάχνουν και με τους δύο τρόπους, τα ονομάζουν όμως όλα φοινίκια. Το όνομα χρησιμοποιείται μέχρι σήμερα σε μέρη όπου υπήρχε επαφή με την Εγγύς Ανατολή. Σημειώνουμε ότι φοινίκι λέγεται και ο χουρμάς, ο καρπός του δέντρου φοίνικας.*

Στη συνταγή αυτή, οι ποσότητες (αρχικά σε οκάδες) είναι μεγάλες, για να επαρκέσουν όλες τις μέρες των γιορτών. Τότε που συγγενείς και γείτονες ανταλλάσσουν επισκέψεις, που περιποιημένα πιάτα με γλυκά στέλνονται απ' το ένα σπίτι στο άλλο «για το καλό», και παιδιά χτυπούν την πόρτα, λένε τα κάλαντα και περιμένουν το τρατάρισμά τους.

Φοινίκια

ΥΛΙΚΑ

1.900 ΓΡΑΜΜ. ΕΛΑΙΟΛΑΔΟ
480 ΓΡΑΜΜ. ΒΟΥΤΥΡΟ ΦΡΕΣΚΟ
1½ ΠΟΤΗΡΙ ΑΛΙΣΙΒΑ (ΜΕ 3 ΚΟΥΤΑΛΙΕΣ ΤΗΣ ΣΟΥΠΑΣ ΣΤΑΧΤΗ) (βλ. σ. 104)
1½ ΠΟΤΗΡΑΚΙ ΤΟΥ ΚΡΑΣΙΟΥ ΚΡΑΣΙ ΑΣΠΡΟ
1½ ΠΟΤΗΡΑΚΙ ΤΟΥ ΚΡΑΣΙΟΥ ΚΟΝΙΑΚ
1½ ΚΟΥΤΑΛΑΚΙ ΤΟΥ ΓΛΥΚΟΥ ΣΟΔΑ
1½ ΚΟΥΤΑΛΑΚΙ ΤΟΥ ΓΛΥΚΟΥ ΧΥΜΟ ΛΕΜΟΝΙ
2 ΚΟΥΤΑΛΙΕΣ ΤΗΣ ΣΟΥΠΑΣ ΚΑΝΕΛΟΓΑΡΙΦΑΛΑ ΚΟΠΑΝΙΣΜΕΝΑ
1½ ΦΛΙΤΖΑΝΙ ΖΑΧΑΡΗ
½ ΦΛΙΤΖΑΝΙ ΣΙΜΙΓΔΑΛΙ ΨΙΛΟ
4 ΠΑΚΕΤΑ (ΤΩΝ 500 ΓΡΑΜΜ.) ΑΛΕΥΡΙ Ή ΟΣΟ ΣΗΚΩΣΕΙ

ΓΙΑ ΤΟ ΣΙΡΟΠΙ

3 ΦΛΙΤΖΑΝΙΑ ΖΑΧΑΡΗ
3 ΦΛΙΤΖΑΝΙΑ ΜΕΛΙ
3 ΦΛΙΤΖΑΝΙΑ ΝΕΡΟ
1 ΞΥΛΟ ΚΑΝΕΛΑΣ

ΓΙΑ ΤΟ ΣΕΡΒΙΡΙΣΜΑ

½ ΚΙΛΟ ΚΑΡΥΔΙ ΨΙΛΟΚΟΜΜΕΝΟ
ΚΑΝΕΛΑ

ΕΚΤΕΛΕΣΗ

- Βάζουμε σε λεκάνη το βούτυρο και τη ζάχαρη. Τα χτυπάμε μαζί ώσπου το μείγμα να γίνει αφράτο. Εξακολουθώντας το χτύπημα, προσθέτουμε το ελαιόλαδο και σιγά σιγά το μισό αλεύρι. Διαλύουμε τη σόδα στο χυμό λεμόνι και την προσθέτουμε στο μείγμα μαζί με τα κανελογαρίφαλα.
- Στη συνέχεια προσθέτουμε το σιμιγδάλι, την αλισίβα, το κρασί και το κονιάκ. Συνεχίζουμε με το υπόλοιπο αλεύρι, λίγο λίγο και όσο σηκώσει. Η ζύμη μας πρέπει να ξεκολλάει από τα τοιχώματα της λεκάνης και όταν πλάθεται, να είναι μαλακή με ομοιόμορφη υφή (να μη «σκάει»).
- Πλάθουμε τα φοινίκια σε οβάλ σχήμα. Τα στολίζουμε πιέζοντας την επιφάνειά τους ελαφρά με πιρούνι ή χαράσσοντας ρόμβους με μαχαίρι.
- Τα τοποθετούμε σε ταψί στρωμένο με αντικολλητικό χαρτί.
- Τα ψήνουμε στους 180°C, 25 λεπτά.
- Το σιρόπι το έχουμε ήδη δέσει ελαφρά σε κατσαρόλα με τη ζάχαρη, το μέλι, το νερό και το ξύλο της κανέλας. Ενώ το σιρόπι συνεχίζει να βράζει σε χαμηλή φωτιά, βυθίζουμε προσεκτικά με τρυπητή κουτάλα τα φοινίκια ένα ένα και τα μελώνουμε.
- Τα βάζουμε σε πιατέλα και ρίχνουμε από πάνω μπόλικο καρύδι και κανέλα.

Γλυκά του κουταλιού

Ανοιξιάτικο γλυκό του κουταλιού από τα πέταλα του άνθους της νεραντζιάς ή της λεμονιάς. Προσέχουμε τα δύο αυτά άνθη να μην τα αναμειγνύουμε ποτέ, γιατί το ξεχωριστό άρωμα του καθενός πρέπει να «ακούγεται» στο γλυκό, όπως έλεγε η γιαγιά μου: το άνθος της λεμονιάς έχει ντελικάτη γεύση, ενώ της νεραντζιάς μια σπιρτάδα. Έστω κι ένα πέταλο της μιας ν' αναμειχθεί κατά λάθος μ' ένα πέταλο της άλλης, η συλλογή πάει άχρηστη. «Τζαναμπέτικο γλυκό», που αξίζει όμως τον κόπο!

Αποβραδίς πλένουμε και σιδερώνουμε τις λινές πετσέτες στις οποίες θα μαζέψουμε τα άνθη. Νωρίς το πρωί βγαίνουμε στο κτήμα και διαλέγουμε με προσοχή μόνο τα ανοιγμένα. Όσα είναι ακόμη κλειστά τ' αφήνουμε στα δέντρα, για να έχουμε αργότερα και κάποιους καρπούς!

Άνθος γλυκό

ΥΛΙΚΑ

- 1 ΒΑΘΥ ΠΙΑΤΟ ΠΕΤΑΛΑ ΝΕΡΑΝΤΖΙΑΣ Ή ΛΕΜΟΝΙΑΣ (ΑΠΟ 60 ΑΝΘΗ ΠΕΡΙΠΟΥ)
- 1 ΚΙΛΟ ΖΑΧΑΡΗ
- 1 ΦΛΙΤΖΑΝΙ ΝΕΡΟ
- 1 ΛΕΜΟΝΙ, ΤΟ ΧΥΜΟ

ΕΚΤΕΛΕΣΗ

- Από τα άνθη ξεχωρίζουμε τα πέταλα. Ψαλιδίζουμε κάθε πέταλο στη βάση του ώστε να μείνει μόνο το τρυφερό μέρος και τα ακουμπάμε σε λινές πετσέτες. Ποτέ δεν πλένουμε τα πέταλα γιατί μαυρίζουν.
- Βράζουμε πρώτα το νερό με τη ζάχαρη σε μέτρια φωτιά 10 λεπτά, ώσπου ν' αρχίσει να δένει και να γίνεται σιρόπι. Κατεβάζουμε την κατσαρόλα από τη φωτιά.
- Όταν το σιρόπι κρυώσει, ρίχνουμε μέσα τα πέταλα και βάζουμε το γλυκό να βράσει σε χαμηλή φωτιά 10 λεπτά περίπου. Δοκιμάζουμε το δέσιμο ρίχνοντας λίγες σταγόνες σιρόπι σε ποτήρι με κρύο νερό. Το δέσιμο έχει πετύχει όταν η σταγόνα γίνεται μπαλίτσα και μένει στον πάτο, χωρίς να διαλυθεί. Αν όμως διαλύεται, βράζουμε το γλυκό λίγα λεπτά ακόμα και ξαναδοκιμάζουμε.
- Προτού κατεβάσουμε το γλυκό, προσθέτουμε το χυμό λεμόνι για να μη ζαχαρώσει, κι ανακατεύουμε.
- Αφήνουμε το γλυκό να κρυώσει σκεπασμένο με καθαρή πετσέτα και το φυλάμε σε γυάλινα βάζα.

Από τα γλυκά του κουταλιού, το πιο απλό είναι η βανίλια. Το αρχικό της όνομα στην Άνδρο ήταν «άσπρο γλυκό», με πολλές παραλλαγές στη γεύση: περγαμόντο, πικραμύγδαλο, νεραντζάκι. Μετά την εμφάνιση των παντοπωλείων, επικράτησαν η γεύση και το όνομα «βανίλια».

Στα καφενεία, η παραγγελία για «υποβρύχιο» δίνεται έως σήμερα. Καταναλώνεται κυρίως τις ζεστές μέρες μ' ένα παγωμένο ποτήρι νερό.

Η παλαιότερη συνταγή ήθελε 200 δράμια (640 γραμμ.) ζάχαρη, 1 φλιτζάνι νερό, 2 κουταλάκια του γλυκού χυμό λεμόνι και 1 κουταλάκι του γλυκού ξύσμα περγαμόντο. Επειδή το γλυκό μπορεί να καντιώσει, σήμερα χρησιμοποιούμε ζάχαρη μαζί με λίγη γλυκόζη.*

Βανίλια γλυκό

ΥΛΙΚΑ

(ΓΙΑ ½ ΚΙΛΟ ΓΛΥΚΟ)

- 2 ΦΛΙΤΖΑΝΙΑ ΖΑΧΑΡΗ
- 2 ΚΟΥΤΑΛΙΕΣ ΤΗΣ ΣΟΥΠΑΣ ΓΛΥΚΟΖΗ
- ¾ ΦΛΙΤΖΑΝΙΟΥ ΝΕΡΟ ΒΡΑΣΤΟ
- ΕΛΑΧΙΣΤΟ ΑΛΑΤΙ
- ½ ΚΟΥΤΑΛΑΚΙ ΤΟΥ ΓΛΥΚΟΥ ΒΑΝΙΛΙΑ

ΕΚΤΕΛΕΣΗ

- Αναμειγνύουμε τη ζάχαρη, τη γλυκόζη, το αλάτι και το βραστό νερό μέσα σε κατσαρόλα.
- Βάζουμε την κατσαρόλα σε χαμηλή φωτιά. Ανακατεύουμε συνεχώς με ξύλινη κουτάλα έως ότου η ζάχαρη διαλυθεί και το μείγμα μας αρχίσει να βράζει.
- Το σκεπάζουμε και το αφήνουμε να σιγοβράσει 3 λεπτά.
- Δοκιμάζουμε αν το γλυκό έχει δέσει ρίχνοντας λίγες σταγόνες από το σιρόπι μέσα σε ποτήρι με κρύο νερό. Θα πρέπει να σχηματιστεί ένας μαλακός διάφανος κόμπος. Αν όχι, συνεχίζουμε το βρασμό.
- Κατεβάζουμε την κατσαρόλα από τη φωτιά και την κρυώνουμε βυθίζοντάς τη σε λεκάνη με χλιαρό νερό.
- Αρχίζουμε να δουλεύουμε το μείγμα συνεχώς με ξύλινη κουτάλα ώσπου να το δούμε να γίνεται άσπρο και να έχει την υφή κρέμας.
- Προσθέτουμε τη βανίλια και ανακατεύουμε ώσπου να αναμειχθεί ομοιόμορφα.
- Αφήνουμε το γλυκό να κρυώσει. Το αδειάζουμε σε γυάλα και το φυλάμε σε δροσερό μέρος. Διατηρείται για καιρό.
- Μια κουταλιά βανίλια μέσα σε ποτήρι με κρύο νερό, και έτοιμο το «υποβρύχιο»!

Το βύσσινο είναι ξεχωριστό ανάμεσα στα γλυκά του κουταλιού, για τη μοναδική γλυκόξινη γεύση, το βαθυκόκκινο χρώμα αλλά και τις ποικίλες χρήσεις του: στο πιατάκι γλυκό του κουταλιού, στο ποτήρι βυσσινάδα, και το καλύτερο σιρόπι στην κρέμα πιάτου.

Οι νοικοκυρές με περισσή ευχαρίστηση φτιάχνουν το βύσσινο γλυκό το Μάη μήνα για ν' αξιοποιήσουν την πλούσια παραγωγή των δέντρων τους, αλλά και για να καλωσορίσουν μ' «ένα νεράκι» (δηλαδή, γλυκό του κουταλιού και ποτήρι νερό) τον περαστικό απ' το σπίτι τους.

Βύσσινο γλυκό

ΥΛΙΚΑ

1 ΚΙΛΟ ΒΥΣΣΙΝΟ
1 ΚΙΛΟ ΖΑΧΑΡΗ
1 ΦΛΙΤΖΑΝΙ ΝΕΡΟ
ΜΕΡΙΚΕΣ ΣΤΑΓΟΝΕΣ ΧΥΜΟ ΛΕΜΟΝΙ

ΕΚΤΕΛΕΣΗ

- Πλένουμε το βύσσινο και αφαιρούμε τα κουκούτσια με φουρκέτα.
- Ρίχνουμε τη ζάχαρη σε ψηλή κατσαρόλα κι από πάνω το βύσσινο.
- Κουνάμε την κατσαρόλα ώστε η ζάχαρη να πάει παντού.
- Προσθέτουμε το νερό για να βραχεί λίγο η ζάχαρη και ξεκινάμε το βράσιμο σε χαμηλή φωτιά.
- Ανεβάζουμε τη φωτιά σε μέτρια και ανακατεύουμε το γλυκό με κουτάλα τρυπητή γιατί το βύσσινο φουσκώνει εύκολα. Συνεχίζουμε ώσπου να δέσει το σιρόπι (βλ. συνταγή «Άνθος γλυκό», σ. 117).
- Προσθέτουμε το χυμό λεμόνι για να μη μας ζαχαρώσει το γλυκό, και το κατεβάζουμε από τη φωτιά.
- Το αφήνουμε στην κατσαρόλα σκεπασμένο με καθαρή πετσέτα ώσπου να κρυώσει, και το μεταφέρουμε σε γυάλινα βάζα.

Στο χωριό Μέντες αλλά και σε πολλά άλλα σημεία του νησιού, δροσερά και με νερά, οι καρυδιές ευδοκιμούν και προσφέρουν τη σκιά του φυλλώματός τους αλλά και πλούσια συγκομιδή σε φύλλα και καρπούς. Τα φύλλα συλλέγονται την άνοιξη, ο νεαρός πράσινος καρπός τον Ιούνιο και τα μεστά καρύδια από αρχές Οκτωβρίου έως και Νοέμβριο, ανάλογα με την τοποθεσία. Το καρυδάκι γλυκό φτιάχνεται με τον καρπό του Ιουνίου και ωφελεί τους αδύναμους οργανισμούς. Με το εκχύλισμα των φύλλων βάφονται και δυναμώνουν τα μαλλιά, ενώ ένα απλό έγχυμα απομακρύνει μυρμήγκια κι αλογόμυγες.

Καρυδάκι γλυκό

ΥΛΙΚΑ

30 ΚΑΡΥΔΑΚΙΑ ΤΟΥ ΙΟΥΝΙΟΥ (ΠΡΑΣΙΝΑ ΚΑΙ ΑΚΟΜΗ ΤΡΥΦΕΡΑ)

1 ΚΙΛΟ ΖΑΧΑΡΗ

1 ΦΛΙΤΖΑΝΙ ΜΕΛΙ (ΚΑΤΑ ΠΡΟΤΙΜΗΣΗ ΘΥΜΑΡΙΣΙΟ)

1 ΠΟΤΗΡΙ ΝΕΡΟ

½ ΦΛΙΤΖΑΝΑΚΙ ΤΟΥ ΚΑΦΕ ΧΥΜΟ ΛΕΜΟΝΙ

1½ ΚΟΥΤΑΛΑΚΙ ΤΟΥ ΓΛΥΚΟΥ ΜΟΣΧΟΚΑΡΥΔΟ ΤΡΙΜΜΕΝΟ

ΣΤΗ ΜΥΤΗ ΤΟΥ ΚΟΥΤΑΛΙΟΥ ΓΑΡΙΦΑΛΑ ΚΟΠΑΝΙΣΜΕΝΑ

ΕΚΤΕΛΕΣΗ

Για την προετοιμασία αυτού του γλυκού χρησιμοποιούμε γάντια, γιατί ο καρπός της καρυδιάς μαυρίζει έντονα τα χέρια.

- Κόβουμε με μαχαίρι τα καρυδάκια στο πάνω και κάτω μέρος τους και τα τρυπάμε με καρφί ή σουβλί να γίνει διαμπερής τρύπα.
- Τα βράζουμε σε μπόλικο νερό ώσπου να τρυπιούνται με μεγάλη βελόνα.
- Τα βάζουμε σε μεγάλη λεκάνη με κρύο νερό και τα λευκαίνουμε, αλλάζοντας το νερό συχνά για τέσσερις μέρες.
- Βράζουμε τη ζάχαρη με το νερό ώσπου να γίνουν αραιό σιρόπι.
- Ρίχνουμε τα λευκασμένα καρυδάκια στην κατσαρόλα με το σιρόπι και τα δένουμε καλά (βλ. συνταγή «Άνθος γλυκό», σ. 117).
- Αφήνουμε το γλυκό στην κατσαρόλα δύο μέρες, σκεπασμένο με καθαρή πετσέτα.
- Την τρίτη μέρα βάζουμε στη φωτιά την κατσαρόλα και προσθέτουμε το μέλι, το λεμόνι και τα αρωματικά. Τ' αφήνουμε να βράσουν δοκιμάζοντας πάλι το δέσιμο όπως παραπάνω. Αποσύρουμε την κατσαρόλα από τη φωτιά.
- Σκεπάζουμε το γλυκό με καθαρή πετσέτα κι όταν κρυώσει, το μεταφέρουμε σε γυάλινα βάζα.

Η κυδωνιά συμβολίζει την ευπορία και την ευδαιμονία, το γάμο και τον έρωτα. Οι καρποί της ήταν αφιερωμένοι στη θεά Αφροδίτη. Η φλούδα τους συμβάλλει στη διατήρηση της ομορφιάς απαλύνοντας τις ρυτίδες.

Στην Άνδρο, κάθε κήπος έχει την κυδωνιά του. Απ' τους καρπούς της φτιάχνεται τον Οκτώβρη –καλύτερα αφού βρέξει– θαυμάσιο γλυκό του κουταλιού στο χρώμα των ρουμπινιών. Φτιάχνεται επίσης το κυδωνόπαστο κι ο πελτές, ενώ μερικά κυδώνια φυλάγονται στο κατώι για το κυδωνάτο χοιρινό των Χριστουγέννων.

Κυδώνι ξυστό

ΥΛΙΚΑ

4 ΚΥΔΩΝΙΑ ΜΕΤΡΙΑ
1 ΚΙΛΟ ΖΑΧΑΡΗ
15 ΑΜΥΓΔΑΛΑ ΟΛΟΚΛΗΡΑ ΑΣΠΡΙΣΜΕΝΑ
1 ΛΕΜΟΝΙ, ΤΟ ΧΥΜΟ
2-3 ΚΛΩΝΑΡΙΑ ΑΡΜΠΑΡΟΡΙΖΑ (ΤΡΙΣΑΪ*)

ΕΚΤΕΛΕΣΗ

- Σκουπίζουμε το χνούδι απ' τα κυδώνια, τα πλένουμε και καθαρίζουμε τη φλούδα τους. Βγάζουμε τα κουκούτσια με μαχαίρι.
- Ξύνουμε τα κυδώνια με την ειδική χοντρή ξύστρα (βλ. «Υλικά και εργαλεία», σ. 8).
- Τα μεταφέρουμε σε κατσαρόλα και προσθέτουμε τη ζάχαρη. Τα βράζουμε σε χαμηλή φωτιά 15 λεπτά και δοκιμάζουμε το δέσιμο με τη σταγόνα σιρόπι στο ποτήρι με το κρύο νερό (βλ. συνταγή «Άνθος γλυκό», σ. 117).
- Προσθέτουμε τα αμύγδαλα και την αρμπαρόριζα. Τ' αφήνουμε να πάρουν μια βράση και προσθέτουμε το χυμό λεμόνι. Έτσι, αποφεύγουμε τον κίνδυνο το γλυκό μας να καντιώσει*.
- Κατεβάζουμε το γλυκό από τη φωτιά και το αφήνουμε να κρυώσει σκεπασμένο με πετσέτα.
- Αφαιρούμε την αρμπαρόριζα και μεταφέρουμε το γλυκό σε γυάλινα βάζα.

ΠΑΡΑΛΛΑΓΗ ΜΕ ΜΕΛΙ ΚΑΙ ΚΑΡΥΔΙ

Αν το κυδώνι μάς αρέσει με μέλι, προσθέτουμε στο τέλος (λίγο πριν από το χυμό λεμόνι) 3 κουταλιές της σούπας μέλι και αντικαθιστούμε τα αμύγδαλα με 10 καρύδια.

Φτιάχνεται όταν οι καρποί της νεραντζιάς είναι ακόμη πράσινοι, μικροί και τρυφεροί, αρχές καλοκαιριού. Το ολοστρόγγυλο νεραντζάκι μάς δίνει ένα πολύ ευχάριστο και χωνευτικό γλυκό του κουταλιού με δροσιστική γεύση.

Τα καφενεία στα χωριά είναι τόπος συνάντησης: ολίγον μπακάλικα, ολίγον περίπτερα, με τους θαμώνες ν' απολαμβάνουν τον απογευματινό καφέ τους παρέα με τους περαστικούς. Τα γλυκά του κουταλιού συνοδεύουν άριστα τον καφέ. Πολλοί πελάτες δίνουν την παραγγελία τους στα όρθια, προτού καθίσουν σε τραπεζάκι: «Μήτσο, ένα νεραντζάκι!» Ο καφές εννοείται πάντα στην παραγγελία, μια κι ο καταστηματάρχης γνωρίζει καλά τις προτιμήσεις των πελατών του.

Διαφήμιση, μέχρι πρόσφατα, σε μπακάλικο-καφεκοπτείο της Χώρας: «Και να 'χεις πάντα στο νου σου τον καφέ Μανούσου». Συμπληρωνόταν απ' το προφορικό: «Και να 'χεις πάντα στο μάτι τα γλυκά του Βάτη» (για κεντρικό καφενείο με ονομαστά γλυκά του κουταλιού).

Νεραντζάκι γλυκό πράσινο

ΥΛΙΚΑ

25 ΝΕΡΑΝΤΖΑΚΙΑ ΠΡΑΣΙΝΑ ΜΙΚΡΑ

1 ΚΙΛΟ ΖΑΧΑΡΗ

2 ΠΟΤΗΡΙΑ ΝΕΡΟ

5 ΣΤΑΓΟΝΕΣ ΧΥΜΟ ΛΕΜΟΝΙ

ΠΡΟΕΤΟΙΜΑΣΙΑ

- Μαζεύουμε τα νεραντζάκια από το δέντρο όταν είναι ακόμη πράσινα, μικρά και τρυφερά στο εσωτερικό τους, προς το τέλος Ιουνίου με αρχές Ιουλίου. Όταν μεγαλώσουν και «ξεπεράσουν», σκληραίνουν και δεν είναι πια κατάλληλα γι' αυτό το γλυκό.
- Προτού βράσουμε τα νεραντζάκια, χρησιμοποιούμε ένα καρφί με πλατύ κεφάλι για να βγάλουμε τα κουκούτσια. Καθώς τρυπάμε το φρούτο, το καρφί τα παρασύρει. Έτσι δημιουργείται στο κέντρο μια στενή διαμπερής τρύπα.
- Ξεπλένουμε καλά τα τρυπημένα νεραντζάκια και τα βάζουμε σε βαθιά κατσαρόλα με μπόλικο νερό να μισοβράσουν σε μέτρια φωτιά μισή ώρα περίπου.
- Στραγγίζουμε τα νεραντζάκια και τ' αφήνουμε να κρυώσουν.
- Τα ξεπικρίζουμε βάζοντάς τα σε μεγάλη λεκάνη με νερό και αλλάζοντας το νερό συχνά (δέκα φορές περίπου) σε 48 ώρες.
- Τα μεταφέρουμε σε τρυπητό και τ' αφήνουμε να στραγγίσουν μία ώρα τουλάχιστον. Τα σκουπίζουμε με πετσέτα.

ΕΚΤΕΛΕΣΗ

- Βάζουμε τη ζάχαρη και το νερό να βράσουν 5 λεπτά σε βαθιά κατσαρόλα.
- Προσθέτουμε τα νεραντζάκια και τ' αφήνουμε να σιγοβράσουν ώσπου να δέσει το σιρόπι. Ελέγχουμε το δέσιμο όπως στη συνταγή «Άνθος γλυκό», σ. 117.
- Προτού κατεβάσουμε το γλυκό από τη φωτιά, του προσθέτουμε πέντε σταγόνες λεμόνι για να μην κρυσταλλώσει.
- Όταν κρυώσει, το μεταφέρουμε σε γυάλινα βάζα.

Μετά το πράσινο νεραντζάκι, που φτιάχνεται νωρίς το καλοκαίρι, ακολουθεί το κίτρινο από τα ώριμα νεράντζια του χειμώνα. Οι νοικοκυρές κόβουν τη φλούδα του πικρού αυτού φρούτου, την τυλίγουν καρουλάκι και την περνούν με νήμα και βελόνα σε κολιέ, πρώτα για να την ξεπικρίσουν σε πολλά νερά και ύστερα για να τη δέσουν σε σιρόπι. Θυμάμαι τα καρουλάκια απλωμένα στο τραπέζι της κουζίνας να φαντάζουν στα παιδικά μου μάτια βραχιόλια και κολιέ κεχριμπαρένια. Κρυφά απ' τη μαμά μου, δοκίμαζα να δω πώς ταιριάζουν με το φουστάνι μου!

Νεράντζι γλυκό καρουλάκι

ΥΛΙΚΑ

15 ΩΡΙΜΑ ΝΕΡΑΝΤΖΙΑ
1 ΚΙΛΟ ΖΑΧΑΡΗ
10 ΣΤΑΓΟΝΕΣ ΧΥΜΟ ΛΕΜΟΝΙ

ΝΗΜΑ ΚΑΙ ΒΕΛΟΝΑ

ΕΚΤΕΛΕΣΗ

- Πλένουμε τα νεράντζια και ξύνουμε τη φλούδα σε μικρό τρίφτη για να φύγει η σπιρτάδα της.
- Το ξύσμα μπορούμε να το χρησιμοποιήσουμε αργότερα για ν' αρωματίσουμε διάφορα γλυκίσματα, ακόμα και το τσάι μας.
- Χαράζουμε την κάθε φλούδα κάθετα σε τέσσερα ίσα μέρη και την ξεκολλάμε από τη σάρκα.
- Περνάμε νήμα μήκους 1,5 μ. στη βελόνα. Τυλίγουμε κάθε κομμάτι φλούδας σε ρολό (καρουλάκι), περνάμε το νήμα γύρω από την κάθε φλούδα δύο φορές και με τη βελόνα τρυπάμε τα καρουλάκια, το ένα μετά το άλλο, σαν να φτιάχναμε κολιέ. Έτσι εξασφαλίζουμε ότι δεν θ' ανοίξουν όσο φτιάχνουμε το γλυκό.
- Ξεπλένουμε τα καρουλάκια και τα βάζουμε σε λεκάνη με νερό να ξεπικρίσουν. Το νερό το αλλάζουμε συχνά (τρεις τέσσερις φορές το 24ωρο) για δύο μέρες.
- Την επόμενη μέρα τα βράζουμε σε μπόλικο νερό ώσπου να μαλακώσουν (μισή ώρα περίπου). Τα σουρώνουμε και τ' αφήνουμε έξι ώρες στο τρυπητό να στραγγίσουν καλά.
- Σε βαθιά κατσαρόλα βάζουμε τη ζάχαρη με τα καρουλάκια, όπως είναι περασμένα στο νήμα, και τα βράζουμε σε χαμηλή φωτιά ώσπου να δέσει το σιρόπι (περίπου ένα δεκάλεπτο). Ελέγχουμε το δέσιμο ρίχνοντας ένα κουταλάκι του γλυκού σιρόπι σε ποτήρι κρύο νερό (βλ. συνταγή «Άνθος γλυκό», σ. 117). Στο τέλος, προσθέτουμε το χυμό λεμόνι.
- Κατεβάζουμε το γλυκό από τη φωτιά και το αφήνουμε να κρυώσει σκεπασμένο με πετσέτα.
- Κόβουμε το νήμα με ψαλίδι και ξεπερνάμε με προσοχή τα καρουλάκια.
- Φυλάμε το γλυκό σε γυάλινα βάζα.

Το παμπιλόνι, μαζί με το νεράντζι, το λεμόνι, τα μαντερινοπορτόκαλα* και το γκρέιπ φρουτ, ανήκει στα ξινά*. Στο νησί το λένε και μπαμπιλόνι. Μοιάζει με πολύ μεγάλο κίτρο, σαρκώδες, με το δικό του διακριτικό άρωμα και γεύση. Γύρω στον Οκτώβριο είναι έτοιμο για γλυκό· φαίνεται πως πρόκειται για ανδριώτικη σπεσιαλιτέ γιατί σπάνια το βρίσκουμε σε άλλα μέρη.*

Παμπιλόνι γλυκό

ΥΛΙΚΑ

6 ΠΑΜΠΙΛΟΝΙΑ
1 ΚΙΛΟ ΖΑΧΑΡΗ
2 ΠΟΤΗΡΙΑ ΝΕΡΟ
1 ΛΕΜΟΝΙ, ΤΟ ΧΥΜΟ

ΕΚΤΕΛΕΣΗ

- Ξύνουμε με τον τρίφτη τη φλούδα των φρούτων για να φύγει η σπιρτάδα τους.
- Τη χαράζουμε σε ίσες φέτες, έως τέσσερις ανά φρούτο, και την ξεκολλάμε προσεκτικά από τη σάρκα. Έτσι έχουμε συνολικά 25 κομμάτια περίπου.
- Πλένουμε τα κομμάτια, τα βάζουμε σε λεκάνη και τα σκεπάζουμε με νερό στο οποίο ρίχνουμε το χυμό λεμόνι.
- Αλλάζουμε το νερό πολλές φορές μέσα σε 24 ώρες.
- Βράζουμε τα παμπιλόνια σε μπόλικο νερό.
- Όταν μαλακώσουν, τα στραγγίζουμε σφίγγοντάς τα στις παλάμες μας, για να φύγει το πολύ νερό. Τα δένουμε με τη ζάχαρη σε βαθιά κατσαρόλα με τον τρόπο που αναφέρουμε στη συνταγή «Ανθος γλυκό», σ. 117.
- Αφού κρυώσει, το μεταφέρουμε σε γυάλινα βάζα.

Με το ζουμί που περισσεύει από το βράσιμο των κυδωνιών για το κυδωνόπαστο φτιάχνουμε πελτέ.

Ο πελτές σερβιριζόταν σε ειδικό σκεύος, που είχε γυάλινο μπολ στο κέντρο και κουταλάκια κρεμασμένα γύρω γύρω, φυλαγμένο πάντα στο σερβάν της σάλας. Ο επισκέπτης βύθιζε το κουταλάκι του στον πελτέ και το έστριβε με τέχνη ώστε να κόψει την κόρδα που σχηματιζόταν ενώ, με το άλλο χέρι, έπαιρνε το νερό του τραταρίσματος.*

Πελτές κυδώνι

ΥΛΙΚΑ

1 ΠΟΤΗΡΙ ΥΓΡΟ ΑΠΟ ΒΡΑΣΙΜΟ ΚΥΔΩΝΙΩΝ
2 ΠΟΤΗΡΙΑ ΖΑΧΑΡΗ
3 ΚΛΩΝΑΡΙΑ ΑΡΜΠΑΡΟΡΙΖΑ (ΤΡΙΣΑΪ*)
1 ΛΕΜΟΝΙ, ΤΟ ΧΥΜΟ

ΕΚΤΕΛΕΣΗ

- Μετράμε το υγρό από το βράσιμο των κυδωνιών (βλ. συνταγή «Κυδωνόπαστο», σ. 139) σε ποτήρια και το ρίχνουμε σε κατσαρόλα. Για κάθε ποτήρι υγρό προσθέτουμε 2 ποτήρια ζάχαρη.
- Βάζουμε την κατσαρόλα σε μέτρια φωτιά και ανακατεύουμε συνεχώς ώσπου να δέσει ο πελτές, κάνοντας το τεστ με το κρύο νερό (βλ. συνταγή «Άνθος γλυκό», σ. 117). Λίγο προτού τον κατεβάσουμε, προσθέτουμε το χυμό λεμόνι (για ν' αποφύγουμε το κάντιωμα*) και ανακατεύουμε.
- Μεταφέρουμε τον πελτέ ζεστό (όχι καυτό) σε γυάλινο σκεύος και τον αφήνουμε να κρυώσει.

ΑΝΑΦΗ

Γλυκό του κουταλιού που φτιάχνεται από τα μαγιάτικα άνθη της αγριοτριανταφυλλιάς, τα λεγόμενα ρόδα. Το μόνο γλυκό που το δίνουν άφοβα στα βρέφη, για να τα πσυχάζουν και να τα γλυκαίνουν. Κατευναστικό εν γένει, κατάλληλο για πάσης φύσεως «εξαγριωμένους».

Η ροδοζάχαρη από τα άνθη του Απριλίου φτιαχνόταν για άλλο σκοπό, ν'ανακουφίζει τα μικρά παιδιά από τη δυσκοιλιότητα... Η συγκομιδή λοιπόν γινόταν προσεκτικά και τα βάζα δεν μπερδεύονταν.

Εκτός από γλυκό του κουταλιού, η ροδοζάχαρη σερβίρεται πάνω στο γιαούρτι αλλά και στο συνετιανό ξινόγαλο.*

Η ζάχαρη ως είδος πρώτης ανάγκης στην Άνδρο του 1916:

> *«Από τινων ημερών παρατηρείται εν τη αγορά μας μεγίστη έλλειψις ζαχάρεως. Η κομισθείσα πρό τινος τοιαύτη, υπήρξεν όλως ανεπαρκής και εξηφανίσθη παραχρήμα, μη προφθάσαντες πολλοί κάτοικοι των χωρίων να προμηθευθώσι ουδέ ελαχίστην τοιαύτην. Ανάγκη οι αρμόδιοι να φροντίσωσι όπως σταλλή ενταύθα ποσότης δυναμένη να επαρκέση προς προμήθειαν των κατοίκων, γνωστού όντος ότι το είδος τούτο είνε της πρώτης ανάγκης.»*
>
> *εφ.* Κήρυξ Άνδρου, *30 Οκτ. 1916, αρ. φ. 25.*

Ροδοζάχαρη

ΥΛΙΚΑ

1 ΒΑΘΥ ΠΙΑΤΟ ΡΟΔΟΠΕΤΑΛΑ
1 ΚΙΛΟ ΖΑΧΑΡΗ
1 ΦΛΙΤΖΑΝΙ ΝΕΡΟ
1 ΛΕΜΟΝΙ, ΤΟ ΧΥΜΟ

ΕΚΤΕΛΕΣΗ

- Από τα άνθη ξεχωρίζουμε τα πέταλα. Ψαλιδίζουμε κάθε πέταλο στη βάση του ώστε να μείνει μόνο το τρυφερό μέρος και τα ακουμπάμε σε λινές πετσέτες. Ποτέ δεν πλένουμε τα πέταλα γιατί μαυρίζουν.
- Βράζουμε πρώτα το νερό με τη ζάχαρη σε μέτρια φωτιά 10 λεπτά, ώσπου ν' αρχίσει να δένει και να γίνεται σιρόπι. Κατεβάζουμε την κατσαρόλα από τη φωτιά.
- Όταν το σιρόπι κρυώσει, ρίχνουμε μέσα τα πέταλα και βάζουμε το γλυκό να βράσει σε χαμηλή φωτιά 10 λεπτά περίπου. Δοκιμάζουμε το δέσιμο ρίχνοντας λίγες σταγόνες σιρόπι σε ποτήρι με κρύο νερό. Το δέσιμο έχει πετύχει όταν η σταγόνα γίνεται μπαλίτσα και μένει στον πάτο, χωρίς να διαλυθεί. Αν όμως διαλύεται, βράζουμε το γλυκό λίγα λεπτά ακόμα και ξαναδοκιμάζουμε.
- Προτού κατεβάσουμε το γλυκό, προσθέτουμε το χυμό λεμόνι για να μη ζαχαρώσει, κι ανακατεύουμε.
- Αφήνουμε το γλυκό να κρυώσει σκεπασμένο με καθαρή πετσέτα και το φυλάμε σε γυάλινα βάζα.

Οι περισσότερες ρίζες στ' αμπέλια του νησιού ήταν κρασοστάφυλα. Υπήρχαν όμως και μερικές για φαγητό και για γλυκό (ροζακιά, κουμάρια, κέρινα κ.ά.). Στο τέλος του Αυγούστου οι νοικοκυρές εξασφάλιζαν όσα χρειάζονταν για το γλυκό του σπιτιού. Τότε, βέβαια, οι ποικιλίες είχαν κουκούτσια κι έτσι εκείνες έπρεπε να τ' αφαιρέσουν υπομονετικά με τις φουρκέτες για τον κότσο, δίχως να τραυματίσουν τον καρπό. Σήμερα, οι ποικιλίες της σταφίδας κάνουν τη διαδικασία πολύ πιο απλή. Αν όμως ρωτήσετε κάποια παλιά Ανδριώτισσα, θα σας πει ότι το ροζακί, και μάλιστα ξεφλουδισμένο ρώγα ρώγα (!), φτιάχνει το καλύτερο σταφύλι γλυκό.*

> *«Στις ανεντράδες ωριμάζουν λογιών λογιών σταφύλια (φαγώσιμα και για κρασί). Τα αετονύχια, απδάνια, ανεντραδίσα, Αϊνικολαΐτικα, ανθούσες, αυγουλάτα, βουϊδόματα, εφτάκοιλα, κάρπια (μαύρα με ψιλές ρόγες), κατουρλάδες, κουμάρια (μαύρα και άσπρα), κουντούρες, κρητικά, μαυράκια, μοσχάτα, μαυρόστυφα, μπεγλέρια, ποταμίσια, ροδίτες, ροζακιά, σερφιώτικα, σκαθάρια (άσπρα), στυφαϊδάνια, τσαούσια, ψωμοστάφυλα, ψωριάτες (κόκκινα) και φράουλες.»*
>
> *Δημήτριος Π. Πασχάλης,* Ανδριακόν Γλωσσάριον ή Λέξεις και φράσεις εκ του γλωσσικού ιδιώματος της κοινής εν Άνδρω λαλιάς, *Αθήνα 1933, σ. 110.*

Σταφύλι γλυκό

ΥΛΙΚΑ

- 1 ΚΙΛΟ ΣΤΑΦΥΛΙ (ΚΑΤΑ ΠΡΟΤΙΜΗΣΗ ΣΤΑΦΙΔΑ, ΧΩΡΙΣ ΚΟΥΚΟΥΤΣΙΑ)
- ½ ΚΙΛΟ ΖΑΧΑΡΗ
- 1 ΛΕΜΟΝΙ ΜΙΚΡΟ, ΤΟ ΧΥΜΟ
- 2 ΦΑΚΕΛΑΚΙΑ ΒΑΝΙΛΙΑ

ΕΚΤΕΛΕΣΗ

- Πλένουμε τα σταφύλια καλά, μαδάμε τις ρώγες και τις μαζεύουμε σε μπολ.
- Εάν τα σταφύλια μας έχουν κουκούτσια, τα αφαιρούμε προσέχοντας να μη λιώσουν οι ρώγες.
- Βάζουμε τις ρώγες σε βαθιά κατσαρόλα και ρίχνουμε τη ζάχαρη από πάνω κουνώντας την κατσαρόλα να πάει παντού.
- Βάζουμε την κατσαρόλα σε μέτρια φωτιά και παρακολουθούμε τη ζάχαρη να λιώνει σιγά σιγά. Προσέχουμε να μην ανακατεύουμε συχνά για να μην πιεστούν οι ρώγες, και χρησιμοποιούμε πάντα ξύλινη κουτάλα.
- Χαμηλώνουμε τη φωτιά και σιγοβράζουμε το γλυκό ώσπου να δέσει το σιρόπι. Ελέγχουμε το δέσιμο ρίχνοντας λίγες σταγόνες σιρόπι σε ποτήρι με κρύο νερό (βλ. συνταγή «Άνθος γλυκό», σ. 117). Προτού το κατεβάσουμε, προσθέτουμε τη βανίλια και το χυμό λεμόνι.
- Αφήνουμε το γλυκό να κρυώσει, και το μεταφέρουμε σε γυάλα.

Νηστίσιμα γλυκά

Τα «Κυδώνια μήλα», όπως τα ονόμαζαν στην αρχαιότητα, περιέχουν τανίνη και ευεργετούν τον οργανισμό όταν υπάρχουν γαστρεντερικά προβλήματα ή αιμορραγίες.

Το κυδωνόπαστο προσφέρει έναν ακόμη τρόπο να αξιοποιήσουμε τον καρπό φτιάχνοντας κάτι που διατηρείται για μεγάλο διάστημα χωρίς να χρειάζεται ψύξη. Νηστίσιμο γλυκό, υπάρχει πάντα σερβιρισμένο σε γυάλινο πιάτο στο τραπέζι της σάλας, για να μπορεί η νοικοκυρά να τρατάρει τον απρόσμενο επισκέπτη.

Κυδωνόπαστο

ΥΛΙΚΑ

- 1 ΚΙΛΟ ΚΥΔΩΝΙΑ
- ΖΑΧΑΡΗ ΟΣΗ ΠΑΡΟΥΝ (ΠΕΡΙΠΟΥ 3 ΠΟΤΗΡΙΑ)
- 3 ΚΟΥΤΑΛΙΕΣ ΤΗΣ ΣΟΥΠΑΣ ΜΕΛΙ
- 2 ΞΥΛΑ ΚΑΝΕΛΑΣ
- 2-3 ΚΛΩΝΑΡΙΑ ΑΡΜΠΑΡΟΡΙΖΑ (ΤΡΙΣΑΪ*)

ΓΙΑ ΤΟ ΓΑΡΝΙΡΙΣΜΑ

- ½ ΚΟΥΤΑΛΑΚΙ ΤΟΥ ΓΛΥΚΟΥ ΚΑΝΕΛΑ
- 1 ΦΛΙΤΖΑΝΙ ΑΜΥΓΔΑΛΑ ΟΛΟΚΛΗΡΑ ΑΣΠΡΙΣΜΕΝΑ

ΕΚΤΕΛΕΣΗ

- Σκουπίζουμε το χνούδι από τα κυδώνια, τα πλένουμε και καθαρίζουμε τη φλούδα τους. Τα κόβουμε στα τέσσερα και αφαιρούμε τα κουκούτσια. Κλείνουμε σε τουλπάνι τα κουκούτσια μαζί με τις φλούδες.
- Τα βράζουμε όλα σε μέτρια φωτιά. Το νερό της κατσαρόλας πρέπει να είναι λίγο και τα κυδώνια να μη σκεπάζονται εντελώς.
- Όταν δούμε ότι έχουν μαλακώσει, αφαιρούμε το τουλπάνι και, αφού κρυώσουν, τα περνάμε από τη μηχανή του πουρέ.
- Μετράμε τον πολτό σε ποτήρια και για κάθε ποτήρι πολτό, βάζουμε στην κατσαρόλα ένα ποτήρι ζάχαρη. Προσθέτουμε το μέλι, την αρμπαρόριζα και τα ξύλα της κανέλας.
- Βάζουμε το μείγμα σε χαμηλή φωτιά και ανακατεύουμε συνεχώς ώσπου να δέσει και να ξεκολλάει από τον πάτο και τα πλάγια της κατσαρόλας. Το χρώμα του πρέπει να είναι σκούρο κεραμιδί. Αφαιρούμε την αρμπαρόριζα και τα ξύλα της κανέλας.
- Αδειάζουμε το μείγμα, ζεστό όπως είναι, μέσα σε ταψί, αφού έχουμε πρώτα αλείψει τον πάτο με λίγο αραβοσιτέλαιο. Απλώνουμε το μείγμα με τη βοήθεια βρεγμένης ξύλινης κουτάλας, φροντίζοντας το τελικό πάχος να είναι δύο εκατοστά περίπου.
- Αφού κρυώσει καλά, χαράζουμε το κυδωνόπαστο σε ρόμβους και το κόβουμε. Γαρνίρουμε κάθε κομμάτι μ' ένα αμύγδαλο στο κέντρο.
- Το μεταφέρουμε σε γυάλινη πιατέλα και πασπαλίζουμε με κανέλα.
- Αν η ποσότητα είναι μεγάλη, το διατηρούμε τυλίγοντάς το σε ζελατίνα γιατί έτσι δεν στεγνώνει.

Η λύρα μαγειρεύεται στην Άνδρο με πολλούς τρόπους μέχρι σήμερα. Σε συνταγή για γλυκό, όμως, τη βρίσκουμε πια μόνο στο λήμμα «Ραβιόλια» στο* Ανδριακόν Γλωσσάριον *του Δ. Π. Πασχάλη (1933). Διαβάζουμε: «είδος γλυκίσματος Σαρακοστιανόν, λίαν εύγευστον από λύρα, σταφίδας, κουκουνάρια και μέλι μέσα σε λεπτά φύλλα ζύμης και σε σχήμα καλισουνιού».*

Κάποιοι σήμερα θυμούνται το νηστίσιμο αυτό γλύκισμα (όχι όμως με τ' όνομά του) και το συνδέουν με την Καθαρά Δευτέρα. Στη συνταγή που προτείνουμε αντικαθιστούμε για ευκολία τα φύλλα της χειροποίητης ζύμης με φύλλο κρούστας, ελπίζοντας ότι τα «ραβιόλια» θα παρουσιαστούν και πάλι στα σαρακοστιανά τραπέζια.

Ραβιόλια

ΥΛΙΚΑ

- ½ ΚΙΛΟ ΛΥΡΑ
- ½ ΦΛΙΤΖΑΝΙ ΜΕΛΙ
- 2 ΚΟΥΤΑΛΙΕΣ ΤΗΣ ΣΟΥΠΑΣ ΛΑΔΙ
- 2 ΚΟΥΤΑΛΙΕΣ ΤΗΣ ΣΟΥΠΑΣ ΣΤΑΦΙΔΕΣ ΞΑΝΘΕΣ
- 2 ΚΟΥΤΑΛΙΕΣ ΤΗΣ ΣΟΥΠΑΣ ΚΑΡΥΔΙ ΨΙΛΟΚΟΜΜΕΝΟ
- 1 ΚΟΥΤΑΛΙΑ ΤΗΣ ΣΟΥΠΑΣ ΚΟΥΚΟΥΝΑΡΙ
- 1 ΠΡΕΖΑ ΚΑΝΕΛΑ
- ½ ΚΙΛΟ ΦΥΛΛΟ ΚΡΟΥΣΤΑΣ
- ½ ΦΛΙΤΖΑΝΙ ΛΑΔΙ ΓΙΑ ΤΟ ΑΛΕΙΜΜΑ ΤΟΥ ΦΥΛΛΟΥ

ΕΚΤΕΛΕΣΗ

- Πλένουμε τη λύρα και καθαρίζουμε τη φλούδα με μαχαίρι.
- Ξύνουμε τη λύρα στην ξύστρα του κυδωνιού (βλ. Εισαγωγή, σ. 8), την αφήνουμε σε τρυπητό να στραγγίσει με λίγο αλάτι και τη στύβουμε.
- Σε χαμηλή φωτιά τη σοτάρουμε με λάδι σε αντικολλητικό τηγάνι.
- Προσθέτουμε το μέλι και ανακατεύουμε.
- Όταν έχουν απορροφηθεί όλα τα υγρά της, προσθέτουμε το καρύδι, το κουκουνάρι, τις σταφίδες και την κανέλα.
- Ανοίγουμε το φύλλο κρούστας και το κόβουμε σε λωρίδες όπως κάνουμε για τα καλισούνια* (βλ. συνταγή, σ. 102).
- Αλείφουμε τις λωρίδες με λάδι και τυλίγουμε μέσα τη γέμιση.
- Βάζουμε τα ραβιόλια σε λαδωμένο ταψί και τα ψήνουμε σε προθερμασμένο φούρνο στους 180°C, 25 λεπτά, ώσπου να ροδίσουν.
- Βγάζουμε τα ραβιόλια από το φούρνο και όταν κρυώσουν, τα πασπαλίζουμε με ζάχαρη άχνη.

Το ταχίνι είναι άριστο για νηστίσιμες συνταγές· φαγητά και γλυκά γίνονται νόστιμα και θρεπτικά μ' αυτό το υλικό.

Οι βεγγέρες δίνουν και παίρνουν τη Σαρακοστή στο νησί. Συνοδεύονται με αφεψήματα απ' τα τόσα μυρωδικά του βουνού, μαζί μ' ένα κομμάτι ταχινόπιτα.

Ταχινόπιτα

ΥΛΙΚΑ

- 1 ΦΛΙΤΖΑΝΙ ΤΑΧΙΝΙ
- 1 ΦΛΙΤΖΑΝΙ ΖΑΧΑΡΗ
- 1 ΚΟΥΤΑΛΙΑ ΤΗΣ ΣΟΥΠΑΣ ΞΥΣΜΑ ΠΟΡΤΟΚΑΛΙ
- ¾ ΦΛΙΤΖΑΝΙΟΥ ΧΥΜΟ ΠΟΡΤΟΚΑΛΙ
- 2¼ ΦΛΙΤΖΑΝΙΟΥ ΑΛΕΥΡΙ ΓΙΑ ΟΛΕΣ ΤΙΣ ΧΡΗΣΕΙΣ
- 1 ΠΡΕΖΑ ΑΛΑΤΙ
- 3 ΚΟΥΤΑΛΑΚΙΑ ΤΟΥ ΓΛΥΚΟΥ ΜΠΕΪΚΙΝ ΠΑΟΥΝΤΕΡ
- ½ ΚΟΥΤΑΛΑΚΙ ΤΟΥ ΓΛΥΚΟΥ ΣΟΔΑ
- ½ ΚΟΥΤΑΛΑΚΙ ΤΟΥ ΓΛΥΚΟΥ ΚΑΝΕΛΟΓΑΡΙΦΑΛΑ ΚΟΠΑΝΙΣΜΕΝΑ
- ½ ΦΛΙΤΖΑΝΙ ΚΑΡΥΔΙ ΨΙΛΟΚΟΜΜΕΝΟ
- ½ ΦΛΙΤΖΑΝΙ ΣΤΑΦΙΔΕΣ ΞΑΝΘΕΣ ΚΑΙ ΜΑΥΡΕΣ
- 1 ΚΟΥΤΑΛΑΚΙ ΤΟΥ ΓΛΥΚΟΥ ΣΟΥΣΑΜΙ ΛΕΥΚΟ ΑΠΟΦΛΟΙΩΜΕΝΟ

ΖΑΧΑΡΗ ΑΧΝΗ ΓΙΑ ΤΟ ΠΑΣΠΑΛΙΣΜΑ (ΠΡΟΑΙΡΕΤΙΚΑ)

ΕΚΤΕΛΕΣΗ

- Χτυπάμε σε μπολ το ταχίνι με τη ζάχαρη και το ξύσμα πορτοκάλι 10 λεπτά.
- Προσθέτουμε σταδιακά το χυμό πορτοκάλι και στη συνέχεια το αλεύρι, το αλάτι, το μπέικιν πάουντερ, τη σόδα και τα κανελογαρίφαλα. Στο τέλος, το καρύδι και τις σταφίδες. Ανακατεύουμε καλά.
- Αδειάζουμε το μείγμα σε βουτυρωμένο ταψί μεγέθους 20x30 εκ.
- Προαιρετικά, ρίχνουμε στην επιφάνεια το σουσάμι.
- Ψήνουμε στους 180°C, 45-55 λεπτά.
- Όταν κρυώσει, και αν δεν έχουμε βάλει σουσάμι, πασπαλίζουμε την επιφάνεια με ζάχαρη άχνη.
- Κόβουμε την πίτα σε ρόμβους και σερβίρουμε.

Στις 27 Αυγούστου είναι η μέρα της γιορτής του Αγίου Φανουρίου. Πολλά παρεκκλήσια του νησιού είναι αφιερωμένα σ' αυτό τον νεαρό άγιο, που κρατάει λαμπάδα και βοηθάει όσους έχουν χάσει ή αναζητούν κάτι, να το βρουν. Την παραμονή της γιορτής, οι νοικοκυρές φτιάχνουν με χαρά -και κάποια προσδοκία- τη Φανουρόπιτα χρησιμοποιώντας εννέα υλικά. Αν έχουν κάνει τάμα, χωρίζουν την πίτα σε πολλά κομμάτια (για ορισμένους, σαράντα), την πηγαίνουν στη λειτουργία και μετά τη μοιράζουν στο εκκλησίασμα. Εκείνη τη μέρα, πολλοί φεύγουν για το σπίτι με συλλογή από φανουρόπιτες!

Η συνταγή αυτή είναι εύκολη γιατί δεν χρειάζεται ζυμάρι ανεβατό, που παίρνει ώρα να φουσκώσει.

Φανουρόπιτα

ΥΛΙΚΑ

- 1 ΠΟΤΗΡΙ ΛΑΔΙ
- 1½ ΠΟΤΗΡΙ ΖΑΧΑΡΗ
- ½ ΠΟΤΗΡΙ ΚΑΡΥΔΙ ΨΙΛΟΚΟΜΜΕΝΟ
- 1 ΠΟΤΗΡΙ ΣΤΑΦΙΔΕΣ ΞΑΝΘΕΣ
- 1 ΚΟΥΤΑΛΑΚΙ ΤΟΥ ΓΛΥΚΟΥ ΚΑΝΕΛΑ
- 1 ΠΟΤΗΡΙ ΧΥΜΟ ΠΟΡΤΟΚΑΛΙ
- 1 ΚΟΥΤΑΛΙΑ ΤΗΣ ΣΟΥΠΑΣ ΑΓΙΑΣΜΟ Ή ΚΟΝΙΑΚ
- ΑΛΕΥΡΙ ΠΟΥ ΦΟΥΣΚΩΝΕΙ ΜΟΝΟ ΤΟΥ ΟΣΟ ΣΗΚΩΣΕΙ ΤΟ ΖΥΜΑΡΙ (½ ΚΙΛΟ ΠΕΡΙΠΟΥ)

ΖΑΧΑΡΗ ΑΧΝΗ ΓΙΑ ΤΟ ΠΑΣΠΑΛΙΣΜΑ

ΕΚΤΕΛΕΣΗ

- Ανακατεύουμε όλα τα υλικά σε λεκάνη, εκτός από το αλεύρι που το προσθέτουμε σιγά σιγά στο τέλος ώσπου να καταλάβουμε από το ζυμάρι πόσο ακριβώς χρειάζεται. Προσοχή: αλεύρι και λάδι θα πρέπει να είναι ισορροπημένα, δηλαδή το ζυμάρι να μην είναι ούτε πολύ στεγνό ούτε πολύ λαδερό. Το ζυμώνουμε καλά ώσπου να γίνει ομοιόμορφο και να ξεκολλάει απ' τα τοιχώματα της λεκάνης και τα χέρια μας.
- Βάζουμε το ζυμάρι σε ορθογώνιο βουτυρωμένο πυρέξ ή ταψί φούρνου και το στρώνουμε με τα χέρια μας. Αλείφουμε την επιφάνεια με λίγο λάδι.
- Προθερμαίνουμε το φούρνο και ψήνουμε τη φανουρόπιτα στους 180°C, 45 λεπτά, σκεπασμένη με αλουμινόχαρτο για να μην καεί η επιφάνειά της. Προς το τέλος του ψησίματος, αφαιρούμε το αλουμινόχαρτο.
- Όταν κρυώσει, την κόβουμε τετράγωνα κομμάτια και την πασπαλίζουμε με ζάχαρη άχνη.

Γλυκά του μούστου και του σύκου

Το Σεπτέμβρη, εποχή του τρύγου, ο μούστος είναι άφθονος. Τόσος, που περισσεύει για ένα νόστιμο και δυναμωτικό γλυκό.

Η μουσταλευριά θέλει μούστο αζύμωτο και αλεύρι. Αν όμως η νοικοκυρά δεν είναι επιδέξια, μάλλον θα της σβολιάσει. Γι' αυτό κι όταν κάποιος είναι ζόρικος, του λένε: «Είσαι συ μια μουσταλευριά!»

Η συνταγή αυτή, για ευκολία, περιέχει σιμιγδάλι και κορν φλάουρ.

Εναλλακτικά, γίνεται με πετιμέζι, δηλαδή μούστο «κομμένο» και συμπυκνωμένο στο ένα τρίτο της αρχικής ποσότητάς του. Το πετιμέζι φυλάσσεται σε γυάλινα μπουκάλια και διατηρείται στα κελάρια των σπιτιών πολύ καιρό.

Για τέσσερα μπολ μουσταλευριά, θα χρειαστούμε 1 ποτήρι πετιμέζι, 1 ποτήρι νερό και 2 κουταλιές της σούπας αλεύρι.

Μουσταλευριά

ΥΛΙΚΑ

7 ΦΛΙΤΖΑΝΙΑ ΜΟΥΣΤΟ ΑΖΥΜΩΤΟ
1 ΦΛΙΤΖΑΝΑΚΙ ΤΟΥ ΚΑΦΕ ΑΛΙΣΙΒΑ
1 ΦΛΙΤΖΑΝΙ ΣΙΜΙΓΔΑΛΙ ΨΙΛΟ
½ ΦΛΙΤΖΑΝΙ ΚΟΡΝ ΦΛΑΟΥΡ

ΓΙΑ ΤΟ ΓΑΡΝΙΡΙΣΜΑ

ΚΑΡΥΔΙ ΨΙΛΟΚΟΜΜΕΝΟ
ΛΙΓΟ ΣΟΥΣΑΜΙ
ΚΑΝΕΛΑ

ΕΚΤΕΛΕΣΗ

- Έχουμε ήδη φτιάξει την αλισίβα (βλ. συνταγή «Κουραμπιέδες», σ. 104).
- Ρίχνουμε το μούστο στην κατσαρόλα μαζί με την αλισίβα και τον βράζουμε σε μέτρια φωτιά ώσπου να μείνει η μισή ποσότητα.
- Προσθέτουμε το σιμιγδάλι κι ανακατεύουμε με ξύλινη κουτάλα ώσπου να το δούμε να «σκάει».
- Διαλύουμε το κορν φλάουρ σε λίγο κρύο νερό και το προσθέτουμε στην κατσαρόλα.
- Ανακατεύουμε συνεχώς προσέχοντας να μη μας σβολιάσει. Όταν αρχίσουν να σχηματίζονται φουσκάλες στην επιφάνεια, τότε η μουσταλευριά μας έχει πήξει και μοιάζει με αραιή κρέμα.
- Κατεβάζουμε την κατσαρόλα από τη φωτιά.
- Αδειάζουμε τη μουσταλευριά σε ρηχά πιάτα ή σε μπολ και την αφήνουμε να κρυώσει. Την πασπαλίζουμε με καρύδι, σουσάμι και κανέλα.

Στο νησί, που είναι πλούσιο σε ποικιλίες σταφυλιών, μετά τον τρύγο και το πάτημα, ο μούστος είναι άφθονος. Μ' αυτόν θα φτιαχτεί το κρασί, σίγουρα όμως θα κρατηθεί και μια ποσότητα για το πετιμέζι, τις μουσταλευριές και τα μουστοκούλουρα.

Οι νοικοκυρές, όταν έχουν πετιμέζι (βλ. συνταγή «Μουσταλευριά», σ. 147), είναι σαν να έχουν ζάχαρη, το χρησιμοποιούν δηλαδή για να φτιάχνουν γλυκά.

Τις κρύες χειμωνιάτικες μέρες, τις νηστείες και τη Μεγάλη Σαρακοστή, τα μουστοκούλουρα ζεσταίνουν και τονώνουν τον οργανισμό, αλλά είναι και θαυμάσιο κολατσιό για τα παιδιά.

Μουστοκούλουρα

ΥΛΙΚΑ

- 4 ΦΛΙΤΖΑΝΙΑ ΑΛΕΥΡΙ ΜΑΛΑΚΟ
- 2 ΦΛΙΤΖΑΝΑΚΙΑ ΤΟΥ ΚΑΦΕ ΕΛΑΙΟΛΑΔΟ
- 2 ΦΛΙΤΖΑΝΑΚΙΑ ΤΟΥ ΚΑΦΕ ΖΑΧΑΡΗ
- 1 ΚΟΥΤΑΛΙΑ ΤΗΣ ΣΟΥΠΑΣ ΚΑΝΕΛΟΓΑΡΙΦΑΛΑ ΚΟΠΑΝΙΣΜΕΝΑ
- ½ ΚΟΥΤΑΛΑΚΙ ΤΟΥ ΓΛΥΚΟΥ ΜΟΣΧΟΚΑΡΥΔΟ ΤΡΙΜΜΕΝΟ
- 3 ΦΛΙΤΖΑΝΑΚΙΑ ΤΟΥ ΚΑΦΕ ΜΟΥΣΤΟ ΚΟΜΜΕΝΟ
- 2 ΚΟΥΤΑΛΙΕΣ ΤΗΣ ΣΟΥΠΑΣ ΟΥΖΟ
- ½ ΛΕΜΟΝΙ, ΤΟ ΧΥΜΟ
- 1 ΚΟΥΤΑΛΙΑ ΤΗΣ ΣΟΥΠΑΣ ΚΟΦΤΗ ΣΟΔΑ
- 1 ΚΟΥΤΑΛΑΚΙ ΤΟΥ ΓΛΥΚΟΥ ΑΜΜΩΝΙΑ

ΕΚΤΕΛΕΣΗ

- Βάζουμε το αλεύρι σε λεκάνη και το ραντίζουμε με το ελαιόλαδο. Προσθέτουμε τη ζάχαρη και τα μπαχαρικά.
- Σε χωριστό σκεύος, ζεσταίνουμε το μούστο και τον ανακατεύουμε με το ούζο, το χυμό λεμόνι, τη σόδα και την αμμωνία. Τα προσθέτουμε όλα στα υλικά της λεκάνης και ζυμώνουμε.
- Πλάθουμε τα κουλουράκια, στρογγυλά ή κοτσίδες, και τα τοποθετούμε σε ταψί λαδωμένο ή στρωμένο με αντικολλητικό χαρτί.
- Τα ψήνουμε σε προθερμασμένο φούρνο στους 180°C, 20 λεπτά περίπου.
- Με τη συνταγή αυτή τα μουστοκούλουρα γίνονται τραγανά. Τα φυλάμε σε μεταλλικό κουτί για να διατηρηθούν φρέσκα.

Αν θέλουμε, αντικαθιστούμε τη ζάχαρη και το μούστο της συνταγής με 1 φλιτζάνι πετιμέζι.

Προς το τέλος του καλοκαιριού, οι απλωσταριές στα δώματα των σπιτιών και οι σκάφες στα πεζούλια γεμίζουν σύκα απλωμένα στον δυνατό ήλιο. Όταν στεγνώσουν, τα σύκα τρώγονται σκέτα (τσαπέλες ή φουρνιστά) ή γίνονται παστελαριές*, γεμίζονται δηλαδή με καρύδι και μυρωδικά, και ψήνονται στο φούρνο. Συνοδεύουν άριστα το τσίπουρο όταν ψυχράνει ο καιρός, δίνουν ενέργεια στα παιδιά και τα τσιμπολογούν οι μεγάλοι όλες τις ώρες.*

Για κάποιο λόγο, τα σύκα κι οι παστελαριές απ' το Συνετί, αλλά και τα σταφύλια και τα κρασιά από το παραγωγικό αυτό χωριό, ήταν πάντα τα πιο ωραία, και γι' αυτό περιζήτητα. Τα φρέσκα σύκα (λυθόσυκα, ποταμόσυκα, βασιλικά) προσφέρονται πεσκέσι μέσα σε καλαθάκι, στολισμένα με μπουκετάκι βασιλικό.*

> *«Το βράδι εις την βεγκέρα των, δεν είχαν ούτε βουτίματα, ούτε κέικ, ούτε τσάγια, αλλά ένα γλυκό του κουταλιού και σύκα ξερά, με καρύδια, αλλά σ' αυτήν την απλότητα διέκρινες την καλοκαγαθίαν ανθρώπων οι οποίοι δεν ήσαν ούτε κομματικώς διηρημένοι, ούτε κοινωνικώς διεσπαρμένοι. Έπαιζαν Δίφλη με φασολάκια για να γελούν και όχι για να γδύση ο ένας τον άλλον.»*
>
> *εφημ.* Ανδριώτης, *αρ. φ. 10, 4 Δεκ. 1926.*

Παστελαριές

ΥΛΙΚΑ

20 ΣΥΚΑ ΦΡΕΣΚΑ (ΑΣΠΡΑ ΚΑΤΑ ΠΡΟΤΙΜΗΣΗ)
300 ΓΡΑΜΜ. ΚΑΡΥΔΙ ΨΙΛΟΚΟΜΜΕΝΟ
1 ΚΟΥΤΑΛΑΚΙ ΤΟΥ ΓΛΥΚΟΥ ΚΑΝΕΛΑ ΣΚΟΝΗ
1 ΚΟΥΤΑΛΑΚΙ ΤΟΥ ΓΛΥΚΟΥ ΓΑΡΙΦΑΛΑ ΚΟΠΑΝΙΣΜΕΝΑ
ΦΥΛΛΑ ΔΑΦΝΗΣ
1 ΦΛΙΤΖΑΝΙ ΑΝΘΟΝΕΡΟ
3 ΚΟΥΤΑΛΙΕΣ ΤΗΣ ΣΟΥΠΑΣ ΦΥΣΙΚΟ ΣΟΥΣΑΜΙ Ή ΛΕΥΚΟ ΑΠΟΦΛΟΙΩΜΕΝΟ

ΕΚΤΕΛΕΣΗ

- Ανοίγουμε τα σύκα στη μέση με τα δύο δάχτυλα έως τον κόμπο, έτσι που να μείνουν ενωμένα.
- Τα απλώνουμε σε πλαστήρα* ή σε ταψί και τ' αφήνουμε στον ήλιο σκεπασμένα με τούλι να στεγνώσουν (τέσσερις μέρες περίπου). Εάν θέλουμε ν' αποφύγουμε αυτή τη διαδικασία, αγοράζουμε σύκα ξερά έτοιμα.
- Αναμειγνύουμε σε μπολ το καρύδι με τα μυρωδικά (κανέλα και γαρίφαλα) και το σουσάμι. Βάζουμε αρκετό μείγμα πάνω σε κάθε σύκο και στη συνέχεια ενώνουμε τα σύκα ανά δύο (από την εσωτερική τους πλευρά). Τα πιέζουμε για να κολλήσουν.
- Βάζουμε τα σύκα σε ταψί με τα φύλλα δάφνης ενδιάμεσα και τα ψήνουμε στους 160°C 15 λεπτά, ωσότου πάρουν χρυσαφί χρώμα.
- Τα βγάζουμε απ' το φούρνο και τα ραντίζουμε με το ανθόνερο.
- Τα πασπαλίζουμε με σουσάμι.

- Διατηρούμε τις παστελαριές για πολλούς μήνες μέσα σε μεταλλικά κουτιά, πάλι με φύλλα δάφνης ενδιάμεσα.

Όταν η σοδειά είναι καλή, οι καρποί και τα φρούτα δίνουν το άρωμα, τη γεύση και το χρώμα τους σε αγαπημένα σπιτικά ποτά. Όλα είναι γλυκά και κάποια περιέχουν αλκοόλ (τα λεγόμενα ηδύποτα ή λικέρ). Τα περισσότερα χρειάζεται να μείνουν αρκετό καιρό στον ήλιο για να γίνουν.

Χωρίς αλκοόλ είναι το τρίο λεμονάδα, βυσσινάδα, σουμάδα. Οι νοικοκυρές τις απογευματινές ώρες, στις αυλές και στις εξώπορτες των σπιτιών, «κάνουν γειτονιά» απολαμβάνοντας ένα ποτήρι δροσιστική λεμονάδα ή βυσσινάδα. Έτσι καλωσορίζουν βέβαια και τους επισκέπτες και όσους διψασμένους περαστικούς σταματούν για λίγο στο πεζούλι τους. Ένα ποτήρι γλυκιά σουμάδα, απ' την άλλη, συνοδεύει πάντα το γάμο, τα βαφτίσια, τ' αρραβωνιάσματα αλλά και κάθε είδους αρραβώνα, όπως είναι το προσύμφωνο για την αγορά γης ή το κλείσιμο ναύλου.

Τα λικεράκια προορίζονται για τις κυρίες, τα τσίπουρα και τα λαμπίκα για τους άντρες.*

Τα μέλη της Λέσχης των Ανδρίων απολάμβαναν κάποτε τις συναντήσεις τους με συζητήσεις και συνοδεία τσαγιού, από τα βότανα της ανδριώτικης γης, ή βυσσινάδας, λεμονάδας και λικέρ, φτιαγμένων με φροντίδα κι ευχαρίστηση από τους ντόπιους καρπούς.

Σε μια τέτοια βραδιά του Μεσοπολέμου ακούστηκαν στη Λέσχη οι παρακάτω στίχοι, που τους συμμερίζομαι απόλυτα:

Ό,τι έχω 'γώ της Άνδρου μου τα σύκα, τα σταφύλια
Δεν έχω πλούτη κι αρχοντιά κι άλλα στολίδια χίλια.
Και μπρος στις Μαίνητες, Σάριζα, Γκρεμνήστρα, Κρυονέρη,
Φασούλια Λόνδρες, Νάπολες, Παρίσια κι άλλα μέρη.

εφ. Ανδριώτης, *αρ. φ. 10, 4 Δεκ. 1926.*

ΠΟΤΑ

Μπορεί οι συνήθειες σήμερα να έχουν αλλάξει, αλλά στις ανδριώτικες αυλές οι άνθρωποι απολαμβάνουν ακόμη την ηρεμία του τοπίου γύρω τους, κρατώντας στο χέρι μια δροσιστική βυσσινάδα.

–Έχει επιτυχία το βύσσινό σου, Φρατζέσκα μου. Έκαμες πολύ εφέτος;

–Όσο κάνω κάθε χρόνο, θα 'τανε τρεις οκάδες, Αντριάνα μου. Δύο βάζα τα 'στειλα Πέρα, να 'χουνε να πίνουνε που τος* αρέσει.*

Βυσσινάδα

ΥΛΙΚΑ

1 ΚΙΛΟ ΒΥΣΣΙΝΟ

1½ ΚΙΛΟ ΖΑΧΑΡΗ

1 ΦΛΙΤΖΑΝΙ ΝΕΡΟ

ΕΚΤΕΛΕΣΗ

- Πλένουμε το βύσσινο και το καθαρίζουμε από τα κουκούτσια.
- Σε ψηλή κατσαρόλα ρίχνουμε όλη τη ζάχαρη και από πάνω όλο το βύσσινο. Κουνάμε την κατσαρόλα ώστε η ζάχαρη να πάει παντού.
- Προσθέτουμε το νερό για να βραχεί λίγο η ζάχαρη και βάζουμε την κατσαρόλα σε χαμηλή φωτιά.
- Αφού πάρει βράση, φροντίζουμε να μη χυθεί ο αφρός και γι' αυτό ανακατεύουμε με τρυπητή κουτάλα.
- Περιμένουμε να δέσει το σιρόπι και το δοκιμάζουμε όπως στη συνταγή «Άνθος γλυκό», σ. 117.
- Κατεβάζουμε το γλυκό από τη φωτιά και περιμένουμε να κρυώσει.
- Ξεχωρίζουμε το σιρόπι από τα βύσσινα.
- Μεταφέρουμε το σιρόπι σε γυάλινο μπουκάλι. Σε μέρος δροσερό διατηρείται αρκετούς μήνες.
- Η αναλογία σερβιρίσματος της βυσσινάδας είναι η ακόλουθη: 1 φλιτζανάκι του καφέ σιρόπι βύσσινο με 3 φλιτζανάκια νερό, για ένα ποτήρι βυσσινάδα.

Τα βύσσινα, με λίγο σιρόπι, τα βάζουμε κι αυτά σε γυάλινο βάζο και τα σερβίρουμε σαν γλυκό του κουταλιού ή γαρνίρισμα στο παγωτό, τις κρέμες και το γιαούρτι. Τέλος, μερικοί τα προσθέτουν στο ποτήρι της βυσσινάδας τους.

ΣΥΡΟΣ

Οι λεμονιές ευδοκιμούν στην Άνδρο. Την άνοιξη ο τόπος πλημμυρίζει λεμονανθούς, και το χειμώνα ζουμερά και μυρωδάτα λεμόνια. Με το χυμό τους οι νοικοκυρές φτιάχνουν συμπυκνωμένη λεμονάδα και τη διατηρούν σε μπουκάλια για πολύ καιρό. Τι καλύτερο και δροσιστικότερο μες στην καλοκαιρινή ζέστη!

Το μεγαλύτερο μέρος του 20ού αιώνα, η καλλιέργεια αλλά και το εμπόριο του λεμονιού κυριαρχούσαν στη ζωή του νησιού. Τα εκλεκτά ανδριώτικα λεμόνια είχαν όνομα και ζήτηση στην εγχώρια και την ξένη αγορά – κάποτε μάλιστα έφταναν ώς την Αυστραλία!

> *«Κατά την παρελθούσαν εβδομάδα είχον καταπλεύση Χιακά τινά ιστιοφόρα πλοία προς αγοράν λεμονίων. Και εντόπια τοιαύτα προέβησαν εις αγοράν διά Σμύρνην και Κωνσταντινούπολιν, αλλ'η προσενεχθείσα κατά χιλιάδα τιμή δεν υπερέβη τας 7 δραχμάς. Και μικρέμποροι τινές οπωροπώλαι ελθόντες εκ Πατρών και Σύρου προέβησαν εις αγοράν λεμονίων αλλ' υπό την αυτήν τιμήν την προσενεχθείσαν υπό των Χίων λεμονεμπόρων. Εν γένει η εμπορική αύτη κίνησις ωφέλησε κατά τι τα λεμονόδενδρα, απαλλαγέντα του υπερβολικού βάρους.»*
>
> *εφ.* Η φωνή της Άνδρου, *31 Δεκ. 1909, αρ. φ. 483.*

Λεμονάδα

ΥΛΙΚΑ

1 ΠΟΤΗΡΙ ΧΥΜΟ ΛΕΜΟΝΙ
1 ΠΟΤΗΡΙ ΖΑΧΑΡΗ

ΦΥΛΛΑ ΦΡΕΣΚΟ ΔΥΟΣΜΟ ΓΙΑ ΤΟ ΣΕΡΒΙΡΙΣΜΑ

ΕΚΤΕΛΕΣΗ

- Βάζουμε το χυμό και τη ζάχαρη σε δοχείο και τα ανακατεύουμε ώσπου να λιώσει η ζάχαρη και να δημιουργηθεί ένα πυκνόρρευστο σιρόπι.
- Βάζουμε τη λεμονάδα σε γυάλινο μπουκάλι και τη διατηρούμε σε δροσερό μέρος.
- Τη διαλύουμε σε αναλογία 2 μέρη κρύο νερό προς 1 μέρος χυμό.
- Τη σερβίρουμε σε ποτήρι μ' ένα φυλλαράκι φρέσκο δυόσμο.

Η βυσσινιά προτιμάει το γόνιμο και καλά στραγγισμένο έδαφος. Είναι ανθεκτική στο ψύχος και έτσι επιβιώνει στις συνθήκες της Άνδρου όπου ο βοριάς κυριαρχεί. Οι Ανδριώτισσες απολαμβάνουν τις βραδινές εορταστικές συγκεντρώσεις μ' ένα λικεράκι βύσσινο επαινώντας την αξιοσύνη της οικοδέσποινας.

Λικέρ βύσσινο

ΥΛΙΚΑ

- 1 ΒΑΘΥ ΠΙΑΤΟ ΒΥΣΣΙΝΟ
- 1 ΚΙΛΟ ΖΑΧΑΡΗ
- ΚΟΝΙΑΚ
- 1 ΞΥΛΟ ΚΑΝΕΛΑΣ
- 1 ΚΟΥΤΑΛΑΚΙ ΤΟΥ ΓΛΥΚΟΥ ΓΑΡΙΦΑΛΑ

ΕΚΤΕΛΕΣΗ

- Πλένουμε τα βύσσινα και τους βγάζουμε το κοτσάνι. Τα στραγγίζουμε και τα τοποθετούμε σε γυάλινο δοχείο που κλείνει καλά.
- Προσθέτουμε τη ζάχαρη, την κανέλα και τα γαρίφαλα. Κλείνουμε το δοχείο και το τοποθετούμε στον ήλιο τριάντα μέρες. Κάθε τόσο το ανακινούμε για να πάει παντού η ζάχαρη.
- Αφού περάσουν οι τριάντα μέρες, ανοίγουμε το δοχείο και σουρώνουμε το περιεχόμενο.
- Μετράμε το σιρόπι σε ποτήρια. Για κάθε ποτήρι σιρόπι προσθέτουμε ένα ποτήρι κονιάκ κι ανακατεύουμε.
- Μεταφέρουμε το λικέρ μας σε γυάλινο μπουκάλι κι έχουμε ένα αρωματικό κι εύγευστο ποτό.

Καΐσια λέγονται στην Άνδρο, όπως και σ' άλλα μέρη, ένα είδος μικρά και πολύ νόστιμα βερίκοκα. Η λέξη είναι τουρκική (kayisi), πράγμα που δηλώνει την επαφή (μέσω εμπορίου, σπουδών κ.ά.) με τα κοσμοπολίτικα κέντρα της Ανατολής. Στην εφημερίδα Φωνή της Άνδρου (αρ. φ. 460, 17 Απρ. 1909) διαβάζουμε, για παράδειγμα, ότι τη χρονιά εκείνη το ατμόπλοιο «Ανατολή» είχε συμπεριλάβει το λιμάνι της Άνδρου στο δρομολόγιό του Σύρα - Κωνσταντινούπολη, μέσω Χίου, Σμύρνης και Θεσσαλονίκης.*

Οι καϊσιές στην Άνδρο τώρα πια είναι λιγοστές κι έχουν αντικατασταθεί απ' τις κοινές βερικοκιές, με τα μεγάλα, και κατά κανόνα όχι και τόσο νόστιμα βερίκοκα.*

Από τα καΐσια γίνεται γευστική μαρμελάδα και κεχριμπαρένιο γλυκό του κουταλιού. Ούτε τα κουκούτσια πάνε χαμένα: γίνονται ωραιότατο λικέρ!

Λικέρ καΐσι

ΥΛΙΚΑ

- 30 ΚΑΪΣΙΑ Ή ΒΕΡΙΚΟΚΑ (ΤΑ ΚΟΥΚΟΥΤΣΙΑ ΜΟΝΟ)
- 6 ΦΛΙΤΖΑΝΙΑ ΤΣΙΠΟΥΡΟ
- 4 ΦΛΙΤΖΑΝΙΑ ΖΑΧΑΡΗ
- ½ ΦΛΙΤΖΑΝΙ ΚΟΝΙΑΚ ΚΑΛΟ
- 1 ΠΙΚΡΑΜΥΓΔΑΛΟ ΚΟΠΑΝΙΣΜΕΝΟ (ΠΡΟΑΙΡΕΤΙΚΑ)

ΕΚΤΕΛΕΣΗ

- Ανοίγουμε τα καΐσια και βγάζουμε τα κουκούτσια. Τα φρούτα τα κρατάμε για μαρμελάδα.
- Χωρίς να πλύνουμε τα κουκούτσια, τα κοπανίζουμε ελαφρά σε γουδί ώστε να σκάσουν λίγο και να δώσουν το άρωμά τους στο ποτό.
- Βάζουμε τα κουκούτσια σε βάζο που κλείνει αεροστεγώς μαζί με το τσίπουρο, τη ζάχαρη και, προαιρετικά, το πικραμύγδαλο.
- Αφήνουμε το βάζο στον ήλιο δύο μήνες. Ανακινούμε το περιεχόμενο κατά διαστήματα για να διαλύεται η ζάχαρη.
- Στους δύο μήνες, ανοίγουμε το δοχείο και περνάμε το σιρόπι από τουλπάνι για να συγκρατηθούν τυχόν υπολείμματα.
- Προσθέτουμε το κονιάκ κι ανακατεύουμε.
- Αδειάζουμε το λικέρ σε μπουκάλια, τα κλείνουμε καλά και τ' αφήνουμε έναν ακόμη μήνα. Το λικέρ μας θα ωριμάσει και θα είναι επιτέλους έτοιμο να το απολαύσουμε!

Τονωτικό και δυναμωτικό, φτιάχνεται, όπως όλα τα λικέρ, στον ήλιο. Πριν από το 1900, οι συνταγές ανέφεραν τσίπουρο αντί κονιάκ. Αργότερα όμως, τα υπερπόντια ταξίδια των Ανδριωτών έφεραν το κονιάκ στα καφενεία, και στις συνταγές. Βελτιώθηκαν έτσι τα σπιτικά λικέρ γιατί το κονιάκ δένει καλύτερα με τα αρωματικά. Το λικέρ καρυδάκι συντροφεύει τις βεγγέρες του χειμώνα με τους επισκέπτες να το ρουφούν νωχελικά όλο το βράδυ.

Λικέρ καρυδάκι

ΥΛΙΚΑ

5 ΤΡΥΦΕΡΑ ΚΑΡΥΔΑΚΙΑ (π.χ. ΤΟΥ ΙΟΥΝΙΟΥ)

1 ΚΙΛΟ ΖΑΧΑΡΗ

1 ΚΙΛΟ ΚΟΝΙΑΚ

2 ΞΥΛΑ ΚΑΝΕΛΑΣ ΜΕΓΑΛΑ

15 ΓΑΡΙΦΑΛΑ

ΕΚΤΕΛΕΣΗ

- Κόβουμε τα καρυδάκια πάνω και κάτω και τα τρυπάμε με σουβλί ή μακρύ καρφί, ώστε να δώσουν τις ουσίες τους στο ποτό.
- Βάζουμε τα καρυδάκια σε μεγάλη γυάλα που να χωράει τη ζάχαρη μαζί με το κονιάκ. Προσθέτουμε τα αρωματικά και τη σφραγίζουμε καλά.
- Αφήνουμε τη γυάλα στον ήλιο. Το πρώτο διάστημα και ώσπου να λιώσει η ζάχαρη, την ανακινούμε καθημερινά.
- Σε δύο μήνες το λικέρ μας είναι έτοιμο.

Το ρόδι έχει γλυκιά και στιφή γεύση κι έντονο χρώμα. Είναι πλούσιο σε αντιοξειδωτικές ουσίες, όπως οι πολυφαινόλες, οι τανίνες και τα στυπτικά οξέα. Σύμβολο της γονιμότητας και της ευημερίας. Στην αρχαιότητα, το έτος άρχιζε το φθινόπωρο, την εποχή του ροδιού, γι' αυτό κι εμείς σήμερα σπάμε το ρόδι την Πρωτοχρονιά.

Λικέρ ρόδι

ΥΛΙΚΑ

1 ΒΑΘΥ ΠΙΑΤΟ ΣΠΟΡΟΥΣ ΡΟΔΙΟΥ
1 ΒΑΘΥ ΠΙΑΤΟ ΖΑΧΑΡΗ
ΤΣΙΠΟΥΡΟ

ΕΚΤΕΛΕΣΗ

- Ξεφλουδίζουμε τα ρόδια και αφαιρούμε εντελώς τις εσωτερικές μεμβράνες τους. Ξεχωρίζουμε τους σπόρους έναν έναν και γεμίζουμε με αυτούς ένα μπουκάλι με σφιχτό πώμα. Ρίχνουμε και τη ζάχαρη μέσα στο μπουκάλι και σκεπάζουμε τους σπόρους.
- Αφήνουμε το μπουκάλι καλά κλειστό σε παράθυρο 15 μέρες, να το βλέπει ο ήλιος. Κάθε 3-4 μέρες το ανακινούμε καλά για να μην κάθεται η ζάχαρη. Ανοίγουμε επίσης το πώμα για εξαέρωση γιατί δημιουργούνται αέρια. Έπειτα από 15 μέρες το μείγμα έχει γίνει μυρωδάτο σιρόπι με ωραίο κόκκινο χρώμα. Το σουρώνουμε καθώς το αδειάζουμε σε γυάλα και το μετράμε. Για κάθε ποτήρι σιρόπι προσθέτουμε ένα ποτήρι τσίπουρο κι ανακατεύουμε καλά.
- Το φυλάμε σε μπουκάλια και το σερβίρουμε σε ποτηράκια του λικέρ.

Η σουμάδα, το γλυκό ποτό από αμυγδαλόψιχα, έχει λευκή απόχρωση μέσα στο ποτήρι, γι' αυτό και τη σερβίρουμε στις χαρές (αρραβώνες, γάμους, βαφτίσια) μαζί με τα άσπρα γλυκά (αμυγδαλωτά, καλισούνια κ.ά.). Γενικότερα, καθώς η σουμάδα συνοδεύει κάθε είδους «καλορίζικα», θα τη δούμε και στη ναυπήγηση ή την καθέλκυση πλοίων.*

Και κάποια μυστικά: Για ν' αποδώσουν και να διατηρήσουν τα αμύγδαλα το λευκό τους χρώμα, η συγκομιδή πρέπει να γίνεται Ιούνιο πρωί πρωί (πριν από τις 8) και ο καρπός να μην είναι ούτε πολύ μαλακός ούτε σκληρός, ώστε να ξεφλουδίζεται εύκολα. Απλώνουμε τα αμύγδαλα στον ήλιο τρεις μέρες και ύστερα τα αποθηκεύουμε σε μέρος που δεν έχει υγρασία, για ν' αποδώσουν τη λευκότητά τους. Αν τα φροντίσουμε όλ' αυτά, θα έχουμε μια πραγματικά λευκή σουμάδα!

Σουμάδα

ΥΛΙΚΑ

ΓΙΑ ΤΟΝ ΠΟΛΤΟ

5 ΦΛΙΤΖΑΝΙΑ ΑΜΥΓΔΑΛΟ
10-15 ΠΙΚΡΑΜΥΓΔΑΛΑ
1½ ΦΛΙΤΖΑΝΙ ΝΕΡΟ

ΓΙΑ ΤΟ ΣΙΡΟΠΙ

1 ΚΙΛΟ ΖΑΧΑΡΗ
3 ΦΛΙΤΖΑΝΙΑ ΝΕΡΟ

ΕΚΤΕΛΕΣΗ

- Αφού ασπρίσουμε όλα τα αμύγδαλα βουτώντας τα σε μπολ με καυτό νερό, τα περνάμε από μύλο χεριού (ή μίξερ) με λίγο νερό να γίνουν πολτός.
- Αραιώνουμε τον πολτό με 1½ φλιτζάνι νερό και τον βάζουμε σε τουλπάνι. Σφίγγουμε καλά το τουλπάνι για να πάρουμε το «γάλα» από τα αμύγδαλα.
- Φτιάχνουνε σιρόπι δένοντας τη ζάχαρη με το νερό (αραιό δέσιμο). Μόλις το σιρόπι κρυώσει, προσθέτουμε το «γάλα» και αφήνουμε το μείγμα να πάρει δυο βράσεις.
- Όταν κρυώσει, το μεταφέρουμε σε γυάλινο μπουκάλι.
- Για να σερβίρουμε τη σουμάδα, διαλύουμε το μείγμα σε αναλογία 3 μέρη νερό προς 1 μέρος μείγμα, ή σύμφωνα με την προτίμησή μας.

ΠΑΡΑΡΤΗΜΑ

Χοιροσφάγια

Γύρω στα μέσα Νοεμβρίου, μόλις αρχίζει να κρυώνει ο καιρός, τα νοικοκυριά στην Άνδρο κάνουν τα χοιροσφάγια. Σφάζουν το χοίρο τους και εξασφαλίζουν σχετική αυτάρκεια σε κρέας όλο το χρόνο.*

Τα χοιροσφάγια είναι μια χαρούμενη παραγωγική γιορτή. Φτάνει ώς τις μέρες μας από τα βυζαντινά χρόνια. Στο πλαίσιο αυτού που ονομάζεται «οικιακή βιοτεχνία», οι συγχωριανοί (γείτονες, συγγενείς κ.ά.) βοηθούν ο ένας τον άλλο στην τριήμερη κοπιαστική διαδικασία. Όσοι συμμετέχουν ανταμείβονται με προϊόντα και όταν έρθει η σειρά τους, θα δεχτούν και οι ίδιοι βοήθεια.

Στα χοιροσφάγια οι εργασίες γίνονται ως εξής:

Αποβραδίς καθαρίζεται το σφαχτό. Την επόμενη μέρα το πρωί οι άνδρες κόβουν και ξεχωρίζουν το κρέας και τα υπόλοιπα μέρη του χοίρου: άλλα προορίζονται για μαγείρεμα, άλλα για λουκάνικα, για ψήσιμο και κάπνισμα κτλ. Ξεχωρίζουν βέβαια και το συκώτι και τα έντερα. Τα έντερα πλένονται πολύ καλά και χρησιμοποιούνται στο γέμισμα για τα λουκάνικα. Το συκώτι γίνεται κρασάτο. Η κεφαλή, τ' αυτιά και ο λαιμός γίνονται ζηλαδιά. Το πάχος κόβεται σε κομματάκια και λωρίδες. Τα κομματάκια μπαίνουν στα λουκάνικα. Οι λωρίδες ή λούροι* λιώνουν σε μεγάλα καζάνια. Ό,τι στερεό απομένει από το βράσιμο και το καβούρντισμα στο καζάνι το ξεχωρίζουμε με τρυπητή κουτάλα για να πάρουμε τα σίσιρα*. Τα μικρά αυτά κομματάκια κρέας και λίπος τρώγονται ζεστά με μερικές σταγόνες λεμόνι. Το υγρό λίπος το σουρώνουμε και το αδειάζουμε σε πήλινα δοχεία, τις μπουρνιές*, όπου έχουμε ήδη μεταφέρει τα λουκάνικα, τις λούζες*, τα λαρδιά και τα υπόλοιπα χοιρνά*. Όταν κρυώσει το λίπος αυτό, παίρνει ένα άσπρο χρώμα και πήζει. Αυτή είναι η γλίνα*. Το δέρμα γίνεται πασπαλάς, που βράζει ώσπου να μαλακώσει. Από τα κομμάτια και τα κόκαλα που δεν χρησιμεύουν αλλού γίνεται ο φιδές με το χοιρινό για το μεσημεριανό τραπέζι.*

Τα λουκάνικα, το βασικό προϊόν στα χοιρασφάγια, τα φτιάχνουν οι γυναίκες. Όταν είναι έτοιμα, ο πρωτομάστορας τα κρεμάει απ' τους γάντζους, μαζί με τις λούζες και τις ντούες, για να ψηθούν και να καπνιστούν. Όσο οι εργασίες προχωρούν, οι μεζέδες πάνε κι έρχονται. Η διαδικασία του ψησίματος και του καπνίσματος παίρνει αρκετές ώρες, πολλές φορές και όλη τη νύχτα. Την τρίτη μέρα, τα χοιρνά μπαίνουν σε πήλινα δοχεία και σκεπάζονται με τη γλίνα. Έτσι αποθηκεύονται και διατηρούνται για μεγάλο χρονικό διάστημα. Το γλέντι κι οι ευχές συνοδεύουν τις εργασίες του παραγωγικού τριημέρου, και οι συγχωριανοί φεύγουν με τα καλούδια.*

Λουκάνικα

ΥΛΙΚΑ

- ΕΝΤΕΡΑ ΧΟΙΡΙΝΑ (10 ΜΕΤΡΑ ΠΕΡΙΠΟΥ)
- ΛΕΜΟΝΙΑ ΓΙΑ ΤΟ ΠΛΥΣΙΜΟ
- 2 ΚΙΛΑ ΚΡΕΑΣ ΧΟΙΡΙΝΟ ΣΕ ΚΟΜΜΑΤΑΚΙΑ
- 4 ΦΛΙΤΖΑΝΙΑ ΛΙΠΟΣ ΧΟΙΡΙΝΟ ΣΕ ΚΟΜΜΑΤΑΚΙΑ
- 2 ΦΛΙΤΖΑΝΙΑ ΚΡΑΣΙ ΝΤΟΠΙΟ ΞΗΡΟ
- 1 ΦΛΙΤΖΑΝΙ ΓΛΥΚΑΝΙΣΟ
- ΑΛΑΤΙ ΚΑΙ ΠΙΠΕΡΙ

- ΣΠΑΓΓΟ, ΝΗΜΑ Ή ΧΟΡΤΟ ΓΙΑ ΤΟ ΔΕΣΙΜΟ

ΕΚΤΕΛΕΣΗ

- Καθαρίζουμε τα έντερα και τα πλένουμε σχολαστικά σε πολλά νερά. Τα περνάμε με το χυμό των λεμονιών και τα στύβουμε.
- Ανακατεύουμε όλα τα υλικά σε πήλινη λεκάνη.
- Με μικρό χωνί γεμίζουμε ένα ένα τα έντερα.
- Προσέχουμε το γέμισμα να μην είναι σφιχτό για να μη σκάσουν τα λουκάνικα στο ψήσιμο.
- Δένουμε τα γεμισμένα έντερα κατά διαστήματα (ανά 10 εκ. περίπου) με σπάγγο, νήμα ή χόρτο ώστε να σχηματιστούν τα λουκάνικα, και τα βάζουμε σε λεκάνη.
- Όταν τελειώσει το γέμισμα και το δέσιμο, βάζουμε τα λουκάνικα σε σειρές πάνω σε κρεβατή*. Από νωρίς έχουμε ετοιμάσει φωτιά για να ψηθούν και να καπνιστούν. Το ψήσιμο γίνεται με βάρδιες γιατί μπορεί να κρατήσει ώς το ξημέρωμα.
- Την άλλη μέρα, αφαιρούμε τους σπάγγους, ξεχωρίζουμε τα λουκάνικα, τα ξεπλένουμε με ζεστό νερό και τα καβουρντίζουμε στη γλίνα, που είναι ήδη έτοιμη σε καζάνι.
- Τα λουκάνικα τα φυλάμε στις μπουρνιές, παραχωμένα με καθαρή γλίνα. Αν είναι αλατισμένα, ψημένα και καπνισμένα σωστά, θα κρατήσουν ένα χρόνο, δηλαδή ώσπου να πάρει σειρά ο καινούργιος χοίρος!

Αχιλλέας Λογοθέτης

Αναδημοσίευση, με ελάχιστες αλλαγές, από το περιοδικό *Νήσος Άνδρος*, καλοκαίρι 2009/3, σ. 149-153.

Χοιροσφάγια ή «χοιρόγαμος»

Η μεγάλη χαρά της γιαγιάς βεβαίως ήταν σε μεγάλες γιορτές να καλεί κόρες, εγγόνια, γαμπρούς και να σφάζει ένα κατσίκι ή ένα αρνί και να γίνεται μεγάλο γλέντι. Ακόμη δε μεγαλύτερο στα χοιροσφάγια ή «χοιρόγαμο».

Ελάχιστοι άνθρωποι γνωρίζουν τη μαστοριά και την τέχνη να φτιάχνουν καλά παραδοσιακά χοιρινά, που να κρατούν δύο χρόνια χωρίς να αλλοιωθούν. Ο καλός νοικοκύρης συντονίζει με προσοχή και αυστηρότητα όλες τις φάσεις της εργασίας των προσκεκλημένων συγγενών, φίλων ή γειτόνων που θα λάβουν μέρος στην τελετή. Από την ώρα που θα βγει ο χοίρος –το θρεφτό που λέμε στα χωριά– από το σπιτάκι του, την κέλλα, μέχρις ότου μπει στην μπουρνιά. Μπουρνιές είναι τα δοχεία που έφερναν οι ναυτικοί κυρίως από τη Μασσαλία της Γαλλίας, δοχεία πήλινα διαφόρων μεγεθών και μέσα αλειφωτά. Αυτά ήταν και το μέσο συντηρήσεως. Στο πάνω μέρος έβαζαν ένα λεπτό πανί και το έδεναν με ένα σφιλάτσο, ψιλό σχοινάκι. Το πανί πολλάκις υγραινόταν με δυνατό τσίπουρο. Αυτό γινόταν για λόγους αποστείρωσης λόγω της μεγάλης περιεκτικότητας που έχει σε οινόπνευμα.

[...]

Η κρίσιμη φάση της δουλειάς αρχίζει όταν ξαπλώσουν το χοίρο επάνω σε λαμαρίνα για την αποτρίχωση. Του ρίχνουν πολύ καυτό νερό (κοχλάζον) από το καζάνι που το είχαν βράσει προηγουμένως. Τον ξύνουν με αιχμηρά μαχαίρια για να απομακρυνθεί όλο το τρίχωμα. Εν συνεχεία, τον κρεμούν από τα πισινά πόδια σε ύψος που το κεφάλι του να αγγίζει το χώμα, με ένα πασσαλάκι, εάν υπάρχει. Τώρα αρχίζει το τρίψιμο με νερό ζεστό και σχοινόφυτα (φύλλα από συκιά), μέχρι να γίνει το δέρμα του άσπρο σαν το χαρτί. Αφού αφαιρέσουν το κεφάλι με τη λαιμουριά, αρχίζει αμέσως το ξεπούρισμα. Κάθε λούρος, δηλαδή το δέρμα με το λίπος –τη λεγόμενη γλίνα– έχει φάρδος περίπου τέσσερα δάχτυλα. Οι λούροι αυτοί κόβονται σε κομμάτια και τοποθετούνται στο πρόσφατα γανωμένο καζάνι για να λιώσουν στη φωτιά. Το γάνωμα γίνεται από γανωτζή, με το λεγόμενο καλάι (κασσίτερος). Οι γανωτζήδες, όταν κρυώσει ο χοίρος, γυρίζουν γύρω από τα χοιροσφάγια και μαζεύουν από τις γειτονιές τα καζάνια.

Το καζάνι τοποθετείται πάνω σε σιδερένια πυροστιά ή τρίποδο. Από κάτω μπαίνουν τα ξύλα που θα καούν, κυρίως ελιές (λάινα), που είναι τα πλέον κατάλληλα.

Ο νοικοκύρης θα πρέπει να έχει προμηθευτεί αρκετά κιλά ξύλα. Η διαδικασία για τα σωστά, μαστορικά χοιροσφάγια θα διαρκέσει πολύ. Η συχωρεμένη η γιαγιά μου, η Ασημίνα, που ήταν καλή μαστόρισσα, έλεγε: «Το χοιρινό θέλει παίδεμα και μεγάλη υπομονή. Όχι το πρωί στην κέλλα και το βράδυ στην μπουρνιά». Εγώ προσπαθώ, όσο μπορώ, να εμπλουτίζω τις

γνώσεις μου γύρω από την τέχνη για τα καλά λουκάνικα και τις λούζες.

Υπάρχουν ορισμένες βασικές αρχές που δεν πρέπει να ξεφεύγουν από την κοινή λογική και κρίση αλλά και τη στοιχειώδη ηθική. Στον καιρό μας όμως πρυτάνευσε η νοθεία και το εύκολο κέρδος. Ελάχιστα είναι τα τρόφιμα που δεν έχουν υποστεί νοθεία σήμερα. Τυχαία ανακάλυψα κάποια στιγμή ότι μέσα στο χοιρινό κρέας είχαν αλέσει ακόμη και κριάρι! Προσπάθειά μου είναι να δείξω στους νεαρούς συμπατριώτες μου πώς πρέπει να φροντίζουν τη σοδειά του σπιτιού τους, τηρώντας τις επιταγές της υγιεινής διατροφής.

Έχουμε μείνει, λοιπόν, στο ξεπούρισμα. Τα πλέον βασικά σημεία του είναι:

1. Τα κρέατα απαραιτήτως πρέπει να κοπούν με το μαχαίρι. Με τα μηχανάκια αλέσεως, όσο και χονδρό να είναι το μαχαιράκι, το κρέας γίνεται κιμάς, και θα υποστεί σοβαρή εκχύμωση. Δεν γίνεται αφράτο, αλλά σφιχτό σαν σαλάμι.

2. Αρκετή αναλογία λίπους όχι από τις πλευριές, αλλά από το λούρο της ράχης που δεν λειώνει, αλλά μένει «ζωγραφιστός» μέσα στο λουκάνικο. Το λίπος κάνει τα λουκάνικα πιο αφράτα.

3. Έντερα από το ίδιο το ζώο. Όχι βοδινά ή πλαστικά (νάιλον).

4. Τα λουκάνικα και οι λούζες ψήσιμο, όχι κάπνισμα.

5. Άπλωμα επάνω σε σχάρα από καλάμι ή άλλο ξύλο. Να μην εφάπτονται μεταξύ τους. (Στη Βουρκωτή τα κρεμάνε στο τζάκι επί μία εβδομάδα.)

6. Τέλειο ψήσιμο και πλήρης εξάτμιση του νερού ή του κρασιού.

Πάνω από τη σχάρα, και σε απόσταση 80 εκ. περίπου, τοποθετούμε μια λαμαρίνα. Ο σκοπός μας είναι να αντανακλάται η θερμότητα και τα λουκάνικα και οι λούζες να ψηθούν ομοιόμορφα. Δεν χρειάζονται γύρισμα (μπατάρισμα), το δε ψήσιμό τους πρέπει να γίνει μόνο με κάρβουνα, χωρίς καπνό.

Όταν ψηθούν τα λουκάνικα στη θράκα, τότε γίνονται σαν ελιές σταφίδες. Τρώγονται, προτού τσιγαρισθούν στη γλίνα, με λίγο λεμόνι. Έτσι ψημένα, και χωρίς ίχνος νερού, είναι τα πλέον διατηρήσιμα.

Εάν στα λουκάνικα μείνει έστω και ελάχιστο νερό, τότε θα βρεθούμε στο πλέον δυσάρεστο αποτέλεσμα: η γλίνα είναι αδύνατον να διεισδύσει μέσα στο λουκάνικο και να εκτοπίσει το νερό. Αυτό παραμένει και αποτελεί το υπόστρωμα και την τροφή για να αναπτυχθούν μικροοργανισμοί, οι οποίοι είναι και η αιτία σήψεως. Ρόλο φυσικού συντηρητικού παίζει τελικά η γλίνα. Έτσι τα έξοδα και ο κόπος μας δεν πάνε χαμένα.

Μέχρι τώρα οι άνθρωποι που βοηθούν, «την περνάνε» με τσίπουρο, ξηρούς καρπούς, πασπαλισμένα μήλα, σύκα κ.ά. Όταν

ο νοικοκύρης είναι κουβαρντάς και όχι σπαγκοραμένος, παίρνει τα ψαρονέφρια (φιλέτα) και τα ρίχνει στα κάρβουνα. Μετά σταματούν το τσίπουρο και το γυρίζουν στο κρασί. Επίσης μπορούν να ψήσουν στη θράκα και μπριζόλες.

Ας επανέλθουμε τώρα στον κρεμασμένο και ξελουρισμένο χοίρο. Ανοίγουμε την κοιλιά και βγάζουμε όλα τα εντόσθια. Τα μικρά παιδιά έχουν ως έθιμο να παίρνουν τη φούσκα, δηλαδή την κύστη του χοίρου. Την τρίβουν καλά με στάχτη για να μεγαλώσει, και τη φουσκώνουν πολύ με καλάμι για να τη σκάσουν στο βραδινό τραπέζι, να τρομάξουν οι προσκεκλημένοι!

Για να κοπούν τα κρέατα με τα μαχαίρια χρειάζονται πολλά χέρια. Προχωρούμε χωρίς καθυστέρηση να φτιάξουμε το χαμούρι. Εδώ τώρα είναι η μεγάλη τέχνη. Η γιαγιά μου, η Ασημίνα, ήταν «καθηγήτρια» σ' αυτή τη φάση. Απόφοιτη της σχολής των μεγάλων εφοπλιστικών και αρχοντικών σπιτιών! Χρησιμοποιούσε μάραθο, γλυκάνισο (σπέρματα), θρούμπι ή ρίγανη, διάφορα μπαχαρικά (πιπέρι, μπαχάρι), λίγο μόνο αλάτι κ.ά. Έτσι γίνονταν γλυκά και μυρωδάτα, και όχι αλμυρά, τα ανδριώτικα λουκάνικα. «Δώσε κι εμένα, μπάρμπα!» Με 18 ευρώ το κιλό σήμερα, είναι ένας εξαιρετικός μεζές που τραβάει κρασί. Κάποτε πήρα από ένα χωριό χοιρινά λουκάνικα και σε 20 μέρες τα πέταξα. Δεν ήταν δε καθόλου φθηνά, 20 ευρώ το κιλό. Είναι απαράδεκτο να πληρώνεις τη γλίνα σ' αυτή την τιμή.

Οι μεζέδες και τα φαγητά και τις δύο μέρες είναι άφθονα, και συνοδεύονται από μεγάλες σαλάτες με ντομάτα και πολλή ρόκα και σέλινο. Στα χοιροσφάγια γίνεται μεγάλη κατανάλωση ρόκας. Υποψιάζομαι ότι την χρησιμοποιούν για δύο λόγους. Ως ορεκτικό αφενός και αφετέρου ως βοηθητικό για την πέψη των λιπών. Η ρόκα πρέπει να πλένεται καλά, για να αποφύγουμε τη μετάδοση της ταινίας της εχινοκόκκου. Τρομερό παράσιτο. Φιλοξενείται στο έντερο δύο μόνο ζώων, του σκύλου και της γάτας. Ζει εις βάρος του οργανισμού και προκαλεί διάφορες βλάβες. Μεταδίδεται από τη κατανάλωση κακώς πλυμένων λαχανικών. Ο παππούς έλεγε: «Πλύνατε καλά τη ρόκα;», «Ναι, παππού», απαντούσαμε. «Να την ξαναπλύνετε!» Είναι γεγονός ότι τα σκυλιά και οι γάτες αποπατούν εις την πρασιά που είναι η ρόκα. Υπάρχει πιθανότητα να επηρεάζεται η όσφρησή τους από την ιδιάζουσα οσμή της.

Τα φαγητά παρασκευάζονται κυρίως από τις κοπέλες που κατευθύνονται από τις οδηγίες των παππούδων και των πεπειραμένων γυναικών: «Να κατεβάσουμε από τη φωτιά τα χοιρινά, Μαριγώ; Έχουνε πια ψηθεί», «Να πλύνετε, κορίτσια, τα λαχανικά με ζεστό νερό, έχουνε λίγη στάχτη».

Αργά το πρωί, γύρω στις 10: τηγανητός μπακαλιάρος, μαύρο συκώτι, γλυκάδια λαιμού.

Το μεσημέρι, το κυρίως πιάτο που είναι συνήθως το «ταραχτό» ή «ντοματάτο». Αυτό αποτελείται από πολύ μικρά κομμάτια κρέας, από συκώτι μαύρο και πνευμόνι, που μαγειρεύεται με ντοματοπελτέ, ελάχιστο τσιγαριστό κρεμμύδι, λίπος του χοίρου και μπαχαρικά. Συνοδεύεται από πιλάφι.

Για το βράδυ έχουμε: κόκαλα σούπα, κριθαράκι χοντρό ή φιδέ του χεριού, πρασοσέλινο ή φασόλια ζαργάνες (μπαρμπούνια) σαν εντράδα, σαλάτα με ρόκα, και σίσυρα, δηλαδή τα ψαχνά που έχουν μείνει στο καζάνι όπου γίνεται η γλίνα. Εάν περισσέψουν, τα σίσυρα περιχύνονται με τη γλίνα για να διατηρηθούν και έτσι γίνεται η λεγόμενη σισυρόπιττα.

Τέλος, τα λουκάνικα και οι λούζες τοποθετούνται στις μπουρνιές ή σε άλλα γυάλινα δοχεία, κατά προτίμηση, και περιχύνονται με τη γλίνα. Σκεπάζονται με λευκό πανί που έχει υγρανθεί με τσίπουρο. Μετά τοποθετούνται στο υπόγειο σε σχετική υγρασία. Όλοι εύχονται «Καλοφάγωτα και του χρόνου!»

Όλες οι γυναίκες και οι άνδρες που είναι καλεσμένοι στα χοιροσφάγια λειτουργούν σαν ένα οργανωμένο συνεργείο με κατανομή εργασίας που έχει σκοπό να τελειώσει σύντομα, αλλά και με επιτυχία, την κοπιαστική αυτή δουλειά.

Τις δουλειές αυτές στην Άνδρο τις λέμε «δανεικές». Γιατί τα ίδια θα κάνουν και οι καλεσμένοι στα δικά τους χοιροσφάγια, ανταποδίδοντας έτσι την υποχρέωση της προσκλήσεως.

Θυμάμαι κάθε χρόνο την κυρία Κατίνα Παντζοπούλου ή «Λούαινα» να μου στέλνει μια λοχεριά από τέσσερα λουκάνικα –που τα έφτιαχνε μόνο με ξυλοκάρβουνα–, δύο λούζες και δύο λαρδιά. Ο γιος της, ο Αχιλλέας, συνονόματός μου, ήταν καλός μου φίλος.

Ανδριώτικο γλωσσάρι

αιμασιά, η ξερολιθιά που συγκρατεί το χώμα σε πλαγιά με σκοπό την καλλιέργεια.

αδράμι (και **δράμι**), το (χόρτο) η αβρωνιά (*Bryonia alba*).

αλιφόνι, το (χόρτο) το σταμναγκάθι (*Cichorium spinosum*).

αλωνίδα, η (χόρτο) η αλάγη (*Alhagi graecorum*).

ανεντράδα, η η κληματαριά.

αντράχλα, η (χόρτο) η γλιστρίδα ή αντράκλα (*Portulaca oleracea*).

απλωσταριά, η δώμα κελιού* ή σπιτιού όπου απλώνονται σύκα, σταφύλια κ.ά. για να στεγνώσουν στον ήλιο.

αρμεξιά, η *δες* **πετρωτή**.

άσπρα γλυκά, τα γλυκά πασπαλισμένα με άχνη ζάχαρη που προσφέρονται σε γάμους, αρραβώνες, βαφτίσια κ.ά. (τα κυριότερα: αμυγδαλωτά, καλισούνια*, κουραμπιέδες).

αυγοκαλάμαρο, το λεπτό φύλλο ζύμης τηγανισμένο και μελωμένο.

αυγόσουπα, η φέτα ψωμί ή παξιμάδι βρεγμένο σε γάλα και αυγό, τηγανισμένο και μελωμένο.

βίδα, η το ελαιοτριβείο.

βολάκι, το σκληρό τυρί σε σχήμα μικρού κώνου, από αγελαδινό ή κατσικίσιο γάλα, που έχει στεγνώσει στον αέρα.

βρουβάσταχα (και **τσιμπητά**), τα (χόρτα) οι νεαροί βλαστοί της βρούβας (*Sinapis nigra*).

γλίνα, η χοιρινό λίπος λιωμένο σε καζάνι στα χοιροσφάγια*, χρησιμοποιείται στο μαγείρεμα και την παρασκευή γλυκών, και για να συντηρούνται τα χοιρινά* μέσα σε πήλινα δοχεία.

δράμι, το *δες* **αδράμι**.

ζάρα, η μεγάλο κεραμικό δοχείο ή βάζο για αποθήκευση προϊόντων.

ζηλαδιά, η (< ιταλ. gelare = παγώνω) η πηχτή.

ζόχοι, οι (χόρτα) οι ζοχοί (*Sonchus oleraceus*).

καΐσι, το μικρό και πολύ νόστιμο βερίκοκο.

καϊσιά, η το δέντρο που παράγει καΐσια*.

κάλεσμα, το οι καλεσμένοι.

καλισούνι, το άσπρο γλυκό* από μέλι, ψωμί και καρύδια, πασπαλισμένο με ζάχαρη άχνη.

κάμακος, ο το καμάκι που χρησιμοποιείται στο ψάρεμα.

κάντιωμα, το (< ιταλ. candi < αραβ. qandi) ζαχάρωμα.

καντιώνω ζαχαρώνω.

καραβίζω παίζω με καραβάκια στο νερό.

καρύδα (και **χαλικωτή**), η (χόρτο) το αγγιναράκι του βουνού (*Centaurea raphanina*).

Καστριανός, -ή ο/η κάτοικος του Κάστρου, της σημερινής Χώρας της Άνδρου.

κελί, το πετρόχτιστο κτίσμα με χωμάτινο δώμα για εξυπηρέτηση ποικίλων αναγκών σε κτήμα (αποθήκη, πατητήρι, φύλαξη ζωντανών κ.ά.).

κιούρτος (και **τσούρτος**), ο εργαλείο για ψάρεμα (κυρτό μεταλλικό πανέρι).

κολλησάδα, η η θαλάσσια ανεμώνη (*Anemonia viridis*).

κολοκυθόπουλο, το το άνθος της κολοκυθιάς.

κολοκυθοφουρτάλια, η φουρτάλια* με κολοκυθάκια.

κόρδα, η χορδή τόξου ή έγχορδου οργάνου από νεύρο ή έντερο ζώου· εδώ (μεταφορ.) περιγράφει την υφή του πελτέ κυδώνι στο δέσιμο και στο σερβίρισμα.

κουκοφουρτάλια, η φουρτάλια* με κουκιά.

κουμάρι, το επιτραπέζιο μαύρο σταφύλι.

κουμπάνια, η (< ιταλ. accompagnare = συνοδεύω) α) επισιτισμός, ιδίως για πλοίο, β) τα αναγκαία τρόφιμα για τη δουλειά, την εκδρομή, το ταξίδι.

κουπάκι, το το τύμπανο της λύρας*.

κουσουνάδα, η (χόρτο) η παπαρούνα (*Papaver rubrum*).

κουτελίτης, ο το δυνατό κρασί που σε μεθάει εύκολα.

κρεβατή, η οριζόντιο καφασωτό πλαίσιο από βέργες (ελιάς, κλήματος) για το ψήσιμο και το κάπνισμα των χοιρνών* στα χοιροσφάγια*.

κρησάρα, η κόσκινο με μεγάλες τρύπες για το τρίψιμο του τραχανά.

λάινο, το το ελαιόδεντρο.

λαμπίκο, το (< βενετ. lambico < αραβ. al-ambiq < αρχ. ελλην. άμβυξ = αποστακτήριο) τσίπουρο διπλής απόσταξης.

λαμπριάτης, ο το γεμιστό κατσίκι του Πάσχα.

λούζα, η (< ιταλ. lonza = λουκάνικο από ψαρονέφρι) καπνιστό κομμάτι ψαρονέφρι, που διατηρείται σε γλίνα*.

λούρος, ο στενόμακρο κομμάτι (λωρίδα) άψητου χοιρινού λίπους με δέρμα.

λυθόσυκο, το (< όλυνθος = σύκο του χειμώνα που σπάνια ωριμάζει) μικρό πρώιμο σύκο.

λύρα, η ο ώριμος καρπός της λυριάς* (χρυσοκίτρινος).

λυράκι, το ο νεαρός καρπός της λυριάς* (πράσινος).

λυριά, η η νεροκολοκυθιά (*Cucurbita pepo*).

λυρόπουλο, το το άνθος της λυριάς*.

λυροφουρτάλια, η φουρτάλια* με λυράκι*.

μαλαχτό, το φρέσκο τυρί, από αγελαδινό ή κατσικίσιο γάλα, που στραγγίζει σε τουλπάνι και ζυμώνεται με αλάτι.

μαριουλάκι, το εξωτερικό κουζινάκι, με νεροχύτη και σταμνοθήκη.

μαντερινοπορτόκαλα, τα τα μανταρίνια και τα πορτοκάλια μαζί.

μπανάκι, το κλειστό μεταλλικό σκεύος για το ψήσιμο του λαμπριάτη* στο χωριό Συνετί.

μπιθιάζω (< εν πίθω τίθημι), βάζω τα χοιρνά* σε πήλινα δοχεία και τα καλύπτω με γλίνα* για να συντηρηθούν για καιρό (ουσ. **μπίθιασμα**, το).

μπουρνιά, η πήλινο δοχείο ειδικό για τα χοιρνά*, φερμένο συνήθως από τη Γαλλία από ναυτικούς.

μπρίλα, η (σαν επίθ.) (< ιταλ. brillare = λάμπω) διαυγές και λαμπερό.

μπρούστουλας, ο πίτα με σίσιρα* και ντόπιο φρέσκο τυρί.

ντούα, η το οστό του θώρακα, η πλευρά.

ξαστός, ο (< ξαίνω) τηγανητός σε κροκέτες (για τον παστό μπακαλιάρο).

ξινά, τα τα εσπεριδοειδή.

ξινόγαλο, το ανάλατο φρέσκο τυρί με ήπια γεύση, που πήζει μέσα στο τυροβόλι*.

ορδουνιά, η γλυκά σε πανέρι που στέλνονται σαν δώρα στους γάμους.

παμπιλόνι (και **μπαμπιλόνι**), το εσπεριδοειδές σαν μεγάλο γκρέιπφρουτ με χαρακτηριστικό άρωμα, πιθανώς υβρίδιο κίτρου και περγαμόντου.

παμπιλονιά (και **μπαμπιλονιά**), η το δέντρο που παράγει τα παμπιλόνια*.

παπούδα, η το σπέρμα της φασολιάς, της κουκιάς κ.ά.

παραβολή, η ο πέτρινος τοίχος της αιμασιάς*.

πασπαλάς, ο το βρασμένο δέρμα του χοίρου.

παστελαριά, η ξερά σύκα γεμιστά με καρύδι, σουσάμι κ.ά.

πατατοφουρτάλια, η φουρτάλια* με πατάτες.

Πέρα η Αθήνα και ο Πειραιάς ως τόποι προορισμού και κατοικίας εκτός Άνδρου.

πετρωτή (και **αρμεξιά**), η φρέσκο μαλακό τυρί, από αγελαδινό ή κατσικίσιο γάλα, που πιέζεται με πέτρα ώστε να στραγγίζει καλύτερα.

πιτάρι, το = μικρή πίτα από σιμιγδάλι και γάλα για την παρασκευή του τραχανά.

πλαστήρας, ο = ξύλινη επιφάνεια πάνω στην οποία κόβουμε ή πλάθουμε.

ποτιζάμενος, -η, -ο αρδευόμενη έκταση ή προϊόν καλλιέργειας που αρδεύεται.

πουλί, το το άνθος της κολοκυθιάς ή της λυριάς* (υποκορ. **πουλάκι**).

προβάσι, το το προβάτσι, το ψαλιδόχορτο (*Limonium sinuatum*).

ραβιόλι, το νηστίσιμο γλυκό από λύρα*, μέλι και καρύδια (δεν φτιάχνεται πια).

σίσιρα, τα μικρά κομμάτια λίπος με ελάχιστο κρέας από το λιώσιμο και το καβούρντισμα του χοιρινού λίπους σε καζάνι για την παρασκευή γλίνας*, οι τσιγαρίδες.

σισιρόπιτα πίτα με γέμιση από σίσιρα*.

σούγλη, η το κουρκούτι.

σουλούδικος, -η, -ο ζουμερός, -ή, -ό.

στρέφω δεν δέχομαι κέρασμα ή προσφορά.

συγκάθουρο, το α) από καϊμάκι: υπολείμματα λίπους μέσα στην κατσαρόλα μετά το βράσιμο του γάλακτος· β) από σίσιρα*: υπολείμματα από σίσιρα στο βάθος του καζανιού, αφού έχει αφαιρεθεί όλη η γλίνα*.

σύγλινα, τα *δες* **χοιρνά**.

τος (αντων., αιτ. πληθ.) τους

τουρκάκι, το η μικρή, πολύ καυτερή πιπεριά.

τρισαΐ, το η αρμπαρόριζα (*Pelargonium odoratissimum*).

τριφύλλι, το (χόρτο) η ξινήθρα, το ξινοτρίφυλλο (*Oxalis pes-caprae*).

τυρί φρέσκο, το άσπρο μαλακό τυρί, από αγελαδινό ή κατσικίσιο γάλα, δύο ειδών: μαλαχτό* και πετρωτή* ή αρμεξιά*.

τυροβόλι ειδικό καλαθάκι, πλεκτό από σπάρτα και βούρλα, για την παρασκευή του ξινόγαλου*.

φανάρι, το μεταλλικό κουτί με σίτες στα πλάγια, κρεμασμένο από ψηλά σε δροσερό μέρος, για τη φύλαξη τροφίμων.

φλίγκουνο, το (και **φλίγκουνας**, ο) το πνευμόνι.

φουρτάλια, η παραδοσιακή ομελέτα με πατάτες ή κολοκυθάκια ή κουκιά κ.ά.

φραγκαχινός, ο μαύρος αχινός που δεν τρώγεται, με μικρό σώμα και μεγάλα αγκάθια.

φτενούλα, η πίτα με ντόπιο φρέσκο τυρί.

χαλικωτή, η *δες* **καρύδα**.

χερίσιος, -α , -ο που φτιάχνεται με το χέρι.

χοιρνά (και **σύγλινα**), τα (συγκοπή του «χοιρινά») ό,τι παράγεται στα χοιροσφάγια* και μπιθιάζεται* (λουκάνικα, λούζες*, λαρδιά* κ.ά.).

χοιρόγαμος, ο *δες* **χοιροσφάγια**.

χοιροσφάγια, τα (και **χοιρόγαμος**, ο) μικρό ετήσιο οικογενειακό «πανηγύρι», με τη συμμετοχή συγγενών, γειτόνων και φίλων, συνήθως το μήνα Οκτώβριο ή Νοέμβριο (από τη γιορτή του Αγ. Δημητρίου και ύστερα) που περιλαμβάνει τη σφαγή οικόσιτου χοίρου, τον κατατεμαχισμό του και τη φροντίδα των κρεάτων και του λίπους, με σκοπό την παρασκευή γλίνας* και χοιρνών*, και τη φύλαξή τους σε πήλινα δοχεία για κατανάλωση όλο το χρόνο. Όσο διαρκούν οι εργασίες, σερβίρονται στους καλεσμένους μεζέδες, ακολουθεί τραπέζι με παραδοσιακά πιάτα και ντόπιο κρασί, και ο κύκλος κλείνει με χορό και γλέντι [βασισμένο στον Δ. Π. Πασχάλη].

χορταρού, η γυναίκα που γνωρίζει τα άγρια χόρτα και τα μαζεύει συστηματικά.

χορτοφουρτάλια, η φουρτάλια* με χόρτα.

Για τη σύνταξη του «Ανδριώτικου γλωσσαρίου» συμβουλεύτηκα δύο πολύτιμες παλαιότερες εκδόσεις:

• Ιωάννης Κ. Βογιατζίδης, *Γλώσσα και λαογραφία της νήσου Άνδρου*, Αθήνα [*Ανδριακά Χρονικά*, τ. 4-6] 1951-1957.

• Δημήτριος Π. Πασχάλης, *Ανδριακόν γλωσσάριον. Λέξεις και φράσεις εκ του γλωσσικού ιδιώματος της κοινής εν Άνδρω λαλιάς*, Αθήνα 1933.

Για τις ονομασίες των χόρτων συμβουλεύτηκα την κλασική έκδοση:

• Δημήτριος Σ. Καββαδάς, *Εικονογραφημένον βοτανικόν και φυτολογικόν λεξικόν*, 9 τόμοι, Αθήνα 1956.

Ευρετήριο συνταγών